O Espiritismo

(Faquirismo Ocidental)

DR. PAULO GIBIER

Diretor do Instituto Bacteriológico (Instituto Pasteur) de Nova Iorque; Ex-interno dos Hospitais de Paris; Ex-Assistente de Patologia Comparada, no Museu de História Natural de Paris; Membro da Academia de Ciências de Nova Iorque e da Sociedade de Pesquisas Psíquicas de Londres; Cavaleiro da Legião de Honra.

O Espiritismo

(Faquirismo Ocidental)

Estudo Histórico, Crítico, Experimental

☆

FEDERAÇÃO ESPÍRITA BRASILEIRA
DEPARTAMENTO EDITORIAL E GRÁFICO
Rua Souza Valente, 17
20941-040 — Rio-RJ — Brasil

ISBN 85-7328-277-0

NRBN

5ª edição – *Do 21º ao 22º milheiro*

51-AA; 000.2-O; 4/2002

Capa de JULIO MAURICIO

Composição, fotolitos e impressão offset:
Departamento Gráfico da FEB – Rua Souza Valente, 17
20941-040 – Rio de Janeiro, RJ – Brasil
CNPJ nº 33.644.857/0002-84 *I.E. nº 81.600.503*

Pedidos de livros à FEB – Departamento Editorial: Tel: (0xx 21) 2589-6020, FAX: (0xx 21) 2589-6838 e *e-mail*: feb@febrasil.org.br

CIP-BRASIL. CATALOGAÇÃO-NA-FONTE
SINDICATO NACIONAL DOS EDITORES DE LIVROS, RJ.

G381e
5.ed.

Gibier, Paul, 1851-1900
O espiritismo: (faquirismo ocidental): estudo histórico, crítico, experimental / Paul Gibier. – 5. ed. – Rio de Janeiro: Federação Espírita Brasileira, 2002
240p.:

Tradução de: Le spiritisme: (le fakirisme occidental)
ISBN 85-7328-277-0

1. Espiritismo. I. Federação Espírita Brasileira. II. Título.

02-0540. CDD 133.9
CDU 133.7

18.06.02 20.06.02 000659

TÁBUA DAS MATÉRIAS

Prefácio

E' tarefa ingrata a de apresentar aos seus contemporâneos um conjunto de fatos que eles ignoram ou dos quais só ouviram falar de modo a despertar-lhes prevenção contra os mesmos.

Tal é entretanto o trabalho que nos impusemos.

Devemos prevenir os leitores de que o assunto de que nos vamos ocupar, quase desconhecido entre nós, está entretanto há muito tempo em ordem do dia nos países vizinhos, principalmente na Inglaterra, onde não se passa mês sem que revistas ou jornais filosóficos dos mais sérios não o tratem com a mesma atenção que concedem aos problemas oficialmente científicos.

Em presença do silêncio geralmente observado entre nós, pensamos praticar uma obra útil fazendo conhecer o estado atual do que se denomina o ESPIRITISMO, *questão que não sòmente estudamos nos livros, mas que também examinamos em múltiplas experiências e observações.*

Pedimos pois ao leitor que tenha paciência lendo esta obra, e que espere, para lavrar uma sentença definitiva, até ao momento de entrar na terceira parte, consagrada às nossas experiências pessoais.

Estas experiências, que raros cientistas con-

sentiram empreender, autorizam-nos a dizer, antes de começar, que o assunto é digno de atenção, por esse motivo falamos dele sèriamente.

Sabemos a que nos expomos procedendo assim.

Poderíamos, sem descobrirmo-nos, chamar a atenção do público e dos sábios sobre certos fatos — naturais segundo pensamos, mas regidos por leis ainda desconhecidas da ciência moderna —, descrevendo-os no tom de uma zombaria acre-doce; mas não pensamos nisso um instante. Este processo é indigno de um verdadeiro filósofo; seria de fato uma covardia.

Preferimos caminhar direito ao alvo.

Paris, Outubro de 1886.

INTRODUÇÃO

O assunto tratado nesta obra é daqueles a cujo respeito um homem preocupado de sua reputação científica deve usar de extrema circunspecção. Não conhecemos, com efeito, nada mais comprometedor; e o exemplo dos ultrajes prodigalizados, nesses últimos tempos, aos sábios mais eminentes da Inglaterra e da Alemanha, que ousaram examinar de perto a questão do **Espiritismo**, e dizer o que viram, é para dar que pensar aos mais temerários.

Antes de entrarem no estudo experimental do sonambulismo provocado, do hipnotismo, da sugestão, e de todos esses fenômenos ainda mal definidos, que eram classificados outrora na categoria dos fatos do magnetismo animal, os cientistas, e os médicos em particular, pensaram maduramente. O motivo desse excesso de prudência é fácil de compreender-se: a questão **magnetismo** havia sido muito mal vista por causa dos magnetizadores, dos charlatães e saltimbancos de toda a espécie.

Os fenômenos de hipnotismo, de catalepsia provocada, etc., a cujo estudo muitos se entregam vigorosamente, há alguns anos, especialmente na escola da Salpêtrière, podem em rigor receber da escola materialista alemã uma explicação mecanicista, e outras; mas onde nos parece difícil dar, atualmente pelo menos, explicação satisfatória de fenômenos observados, é na ordem dos fatos cuja exposição vamos tentar. Devemos dizer, em primeiro lugar, que os fenômenos do hipnotismo ou magnetismo animal, se bem que tomando os elementos do seu determinismo no domínio da força nervosa, ou da matéria nervosa agente, se quiserem, parece-nos diferirem completamente dos de que vamos tratar.

Entretanto, não será inútil, antes de abordar o estudo do **Espiritismo**, entrarmos em algumas considerações sobre os fenômenos tão interessantes do hipnotismo, dos quais a ciência médica conveio enfim em ocupar-se oficialmente desde alguns anos atrás, depois de havê-los conservado por muito tempo no índex.

Não será mister estendermo-nos longamente neste assunto, fornecendo argumentos de nossa lavra; não, porque nos basta apanhar os fatos que vêm cair sob nossa mão. Estes fatos tornam-se, de dia em dia, tão numerosos que principiam a não surpreender mais ninguém: ei-los que se tornam clássicos. Dentro de quantos anos poderemos dizer o mesmo daqueles aos quais este livro é especialmente consagrado? Não sabemos ao certo, mas pensamos que não tardará muito.

Somos inimigos do maravilhoso e do misticismo e não admitimos que coisa alguma se produza fora das leis da Natureza.

Pensamos enfim que, se nos demonstrarem sua existência, os fenômenos chamados espíritas não devem ser mais sobrenaturais do que os da sugestão e do hipnotismo, alguns exemplos dos quais citaremos.

Além disso, antes de prosseguirmos, devemos explicar-vos, por uma vez, acerca da palavra «fenômeno», que forçosamente virá muitas vezes ao bico de nossa pena no correr deste estudo:

Pela palavra fenômeno designamos todo fato que se apresenta à observação, sem ligarmos a este fato nenhum caráter, a não ser o natural. Conservamos assim à palavra um sentido conforme a sua etimologia (o que é aparente).

O estudo do magnetismo ou do hipnotismo é de alguma sorte uma entrada em matéria preparatória ao estudo dos fatos devidos à **força psíquica**, sendo esta a denominação que se deu ao agente particular que preside «os fenômenos chamados espiritualistas», e estes surpreendem menos depois da observação dos primeiros.

Causam admiração, à primeira vista, as observações de sugestão, que ninguém pode pôr em dúvida, e diante das quais o céptico mais endurecido é obrigado a bater em retirada, sob pena de parecer tão impenetrável às inovações, como o professor Bouillaud teimando em ver no fonógrafo um artifício de ventriloquia.

Sabemos o que é sugestão: muita gente lhe é sensível. O «sujet», posto em um estado particular, pode ser obrigado a executar qualquer ato, por mais extravagante, por mais criminoso que se suponha, se aquele, sob cuja influência estiver momentâneamente, lhe der ordem, **sugerir-lhe** a ideia naquele sentido.

Alguns desses fatos podem ser explicados pela sugestão simples, cuja importância o Dr. Bernheim, de Nanci, demonstrou, mas vamos ver que essa explicação não pode ser generalizada. Eis um exemplo de sugestão pura, citada pelo Dr. Bernheim em sua obra recente. (1)

"A S., sugeri um dia que, quando acordasse, veria atrás de si, sobre um móvel, uma colher de prata, e que ele a meteria no bolso. Despertando, não se voltou e não viu a colher. Mas sobre a mesa, diante dele, estava um relógio: eu lhe havia sugerido também a sugestão negativa, que ele não veria ninguém na sala e achar-se-ia só, o que se realizou. A ideia do roubo, sugerida para a colher, apresentou-se-lhe no cérebro para o relógio. Olhou-o, tocou-o, depois disse:

— Não, isso seria um roubo; — e deixou-o.

Se a sugestão do roubo da colher lhe tivesse sido

---

(1) **De la suggestion et de ses applications à la thérapeutique**, pelo Dr. Bernheim, professor da Faculdade de Medicina de Nancy-Octave Doin, Paris, 1886.

repetida com força e ordenada imperiosamente, não duvido de que ele a houvesse levado.

Depois de já escrito isto, tive ocasião de hipnotizar novamente S. Fiz-lhe a mesma sugestão, mais imperiosamente:

— Colocareis a colher em vosso bolso; não podereis proceder de outro modo.

Quando despertou, viu a colher, hesitou um instante, depois disse:

— Ora, tanto pior!

E meteu-a no bolso."

O Sr. Vítor Meunier, redator científico do jornal «Le Rappel», teve outrora o mérito e podemos dizer a coragem — porque era coragem nessa época — de falar, sendo um dos primeiros em França, no jornal «La Presse», do magnetismo animal. O número de 23 de Julho de 1886 do «Le Rappel», pela pena do Sr. Vítor Meunier, que se interessava sempre pelo assunto, consagrou sua «Causerie scientifique» às novas experiências que lhe foram comunicadas pelo Dr. Liebault, de Nanci. De acordo com uma lei que nos impusemos para o presente trabalho, reproduziremos textualmente o artigo do erudito cronista. Veremos por este documento que o magnetismo está hoje completamente na ordem do dia. Trata-se, nesse caso particular, de vesicações produzidas ou impedidas, sobre a pele de um indivíduo hipnotizado, por simples sugestão. Em outros casos, pode-se, pelo mesmo processo, produzir a embriaguez, a alegria, etc., mudar a personalidade de um indivíduo, de tal maneira que uma moça se julgava general, ao passo que um general dará sua palavra que é uma aia de criança ou ama de leite, etc., etc. Vê-se gente caminhar a quatro pés, ladrar como cão, outros miando como gatos, porque lhes foi sugerida a ideia de que eles se haviam tornado cão ou gato, e isso com uma seriedade que desafia toda ideia de imitação e de fraude.

Eis o interessante artigo do Sr. Vítor Meunier:

"O Dr. Liebault enviou-nos a ata de uma curiosa experiência de sugestão hipnótica feita a 9 deste mês, em Nanci.

Ela tem por autor o Sr. Focachon, farmacêutico em Charmes (Meurthe-et-Moselle), já conhecido de nossos leitores, e por testemunhas, além do sábio correspondente citado: os Srs. Liêgeois, professor da Faculdade de Direito de Nanci, Fèvre, ex-tabelião, e o Dr. Brulard, que seguiram as experiências do princípio ao fim e garantem as mesmas.

Devem recordar-se que no intuito de saber se o pretendido milagre da estigmatização não esconde algum fenômeno hipnótico, o Sr. Focachon empreendeu, servindo-lhe de *sujet* uma Srta. Elisa ..., investigações que o levaram a produzir queimaduras e vesicações por meio de simples sugestão; o que foi verificado pelos professores Beaunis e Bernheim, da Faculdade de Medicina de Nanci, Liégeois, da Faculdade de Direito, Srs. Dr. Brulard, Liebault, e enfim, Laurent, arquiteto estatuário, e Simon. *Le Rappel* deu notícias de tudo isso o ano passado.

Ora, depois de haver obtido vesicação sem substância vesicante, o Sr. Focachon ficou naturalmente curioso de saber se o efeito inverso produzir-se-ia também, isto é, se por sugestão poderia impedir que uma substância vesicante produzisse vesicação.

E' desta experiência que se trata agora. Como veremos, ela foi perfeitamente dirigida.

Um pedaço de tela epispática d'Albespeyres foi cortado em três partes. Duas serão respectivamente aplicadas nos braços da Srta. Elisa, uma para experimentar o caso em questão, a influência da sugestão destinada a fazer dela matéria inerte; a outra, que não fará objeto de sugestão alguma, para produzir seus efeitos ordinários. O terceiro fragmento será colocado em um doente que tiver necessidade dele.

Por estas disposições vemos que estão reunidos todos os termos de comparação e meios de verificação, não só quanto à qualidade do agente epispático e à aptidão natural e atual do *sujet* para ressentir seu efeito, mas ainda quanto ao papel da sugestão para modificar esta qualidade e esta disposição.

Assim se fêz. Estando a Srta. Elisa adormecida, um primeiro quadrado de tela vesicante de 5 centímetros de lado foi colocado sobre a face palmar de seu antebraço esquerdo, no ponto de reunião do terço superior com o terço médio, e um segundo quadrado de 2 centímetros de lado foi posto no lugar correspondente do antebraço direito. Ao mesmo tempo, no Hospício Civil, a última porção de tela era aplicada pelo Dr. Brulard sobre a parte anterior e superior do peito de um tísico.

Voltemos à Srta. Elisa. Mal os emplastros são-lhe aplicados, o Sr. Focachon, com energia, faz ao *sujet*, já em sonambulismo, esta declaração: o vesicatório de seu antebraço esquerdo (vesicatório de 5 centímetros de lado) não produzirá aí efeito algum.

Desde o começo da experiência, dez horas e vinte cinco minutos da manhã até oito horas da noite, a Srta. Elisa não ficou sòzinha um instante.

Às oito horas da noite, reunidos em torno da moça, as testemunhas supracitadas, depois de verificarem pelo estado do curativo que tudo se achava em ordem, retiraram-se e notaram então isso:

Antebraço esquerdo (aquele onde estava colocado o maior dos vesicatórios, cuja sugestão devia anular o efeito): A pele está intacta. O revulsivo nada produziu absolutamente. A sugestão realizou-se plenamente. "Apenas — lemos na ata — havia vermelhidão em redor de uma picada de alfinete desapercebida no momento de fazer-se o curativo e situada perto de um ponto da pele que estava ocupado pela borda externa do vesicatório."

Antebraço direito (aquele em que foi colocado o menor dos vesicatórios, que não havia sido objeto de nenhuma sugestão): O revulsivo tinha determinado uma irritação pronunciada da epiderme, e a paciente acusava uma sensação dolorosa. Tão eminente parecia a vesicação que as testemunhas resolveram prolongar a experiência e pediram ao Sr. Focachon que repusesse os dois vesicatórios. Quarenta e cinco minutos depois: havia, à direita, duas flictenas (empolas) bem visíveis, uma das quais, ao ser furada, deixou correr alguma serosidade. (Na manhã seguinte o Dr. Liebault recebia do Sr. Focachon, que regressara a Charmes com seu *sujet*, um cartão postal comunicando-lhe que o pequeno vesicatório produzia um corrimento abundante, seguido de forte inflamação). Quanto ao vesicatório posto pelo Dr. Brulard no doente do Hospital Civil, produziu-lhe uma empola magnífica.

Por conseguinte, os signatários da ata concluem assim:

"Do que precede, resulta para nós que, por meio da sugestão no estado sonambúlico, pode-se neutralizar os efeitos de um vesicatório de cantárida", sua conclusão é absolutamente inatacável, por que ela é a fórmula do fato que lhes foi dado observar."

Seja-nos permitido citar também a observação seguinte, que extraímos do livro do Dr. Bernheim (pág. 181). Veremos por este exemplo se a sociedade não estaria no direito de regulamentar as práticas do magnetismo.

"Meu colega, Sr. Liégeois, professor na Faculdade de Direito de Nanci, estudou particularmente, em uma memória que fêz sucesso, as relações da sugestão com o Direito Civil e Criminal.

Ele fêz numerosas experiências estabelecendo a possibilidade de sugerir crimes que os indivíduos hipnotizáveis executavam sem saber o móvel que lhes guiara as mãos.

Eis como exemplo uma destas observações:

"Devo acusar-me, diz o Sr. Liégeois, de haver tentado fazer matar meu amigo Sr. P., ex-magistrado, e isto coisa grave, em presença do Sr. Comissário Central de Nanci.

"Munira-me de um revólver e alguns cartuchos. Para banir a ideia de uma simples brincadeira, ao indivíduo que ia servir à experiência, e que escolhi ao acaso entre os cinco ou seis sonâmbulos que se achavam naquele dia em casa do Dr. Liebault, meti uma cápsula no revólver e fiz fogo para o jardim; entrei, em seguida, mostrando aos assistentes um cartão que a bala acabava de perfurar.

"Em menos de quinze segundos, sugiro à Sra. G. a ideia de matar o Sr. P., com um tiro de revólver. Com uma inconsciência absoluta e a mais perfeita docilidade, a Sra. G. encaminha-se para o Sr. P. e dispara-lhe um tiro de revólver.

"Interrogada imediatamente pelo Sr. Comissário Central, ela confessa o crime com inteira indiferença.

Matou o Sr. P., porque este lhe desagradava. Podem prendê-la; sabe bem o que a espera; se lhe tirarem a vida, irá para o outro mundo, como sua vítima, que vê estendida no chão, banhada de sangue. Perguntam-lhe se não teria sido eu quem sugerira a ideia do assassínio que ela acaba de praticar. Afirma que não; foi levada a isso espontâneamente, só ela é culpada."

E' mister que se saiba: as observações referidas pelos experimentadores que acabámos de citar apresentam as mais sérias garantias de autenticidade. Elas são na maior parte recolhidas em um serviço de hospital, diante dos discípulos do serviço do mestre, o qual experimenta em presença deles, e, por esta publicidade, estes documentos impõem-se tanto quanto pela honorabilidade científica dos que a fazem conhecer.

Até aqui a sugestão por palavra intervém manifestamente só; mas há casos em que a mesma influência parece seguir caminho muito diferente. Assim, na sessão de 31 de Maio de 1886 da Sociedade Médico Psicológica, o Dr. Paulo Garnier leu um trabalho do Dr. Dufour, médico-chefe do Asilo de Saint-Robert (Isère), no qual se encontra uma observação de fatos de sugestão inteiramente diferentes. Ei-la: (2)

"A observação mais interessante é a de um tal T., atacado de hístero-coreia, considerado como muito perigoso, e que, não obstante, foi posto em liberdade na secção de segurança, porque o Dr. Dufour tinha horror aos meios de constrangimento.

A aplicação das mãos no dorso arrasta quase imediatamente T. para trás. Fica ràpidamente acessível à sugestão, que sucessivamente venceu nele crises de grande histeria, tendências ao suicídio, alucinações penosas da audição, etc. (3) T., que se evadiu três vezes

(2) **Journal l'Hipnotisme,** 1886, n.º 1.

(3) Como se vê, a sugestão, se pode infelizmente ser utilizada para atos criminosos, pode também servir a fins terapêuticos. O Dr. Voisin obteve, por seu intermédio, modificações muito felizes do caráter. (Nota do A.)

de um asilo, passeia livremente pelo estabelecimento. Estando em estado de sonambulismo, foi-lhe sugerido que não se evadisse.

De outra parte, T. é sensível à ação dos medicamentos a distância: os fatos referidos pelo Dr. Dufour são verdadeiramente surpreendentes.

Um grama de ipeca posta em um papel dobrado, colocada sobre a cabeça de T., coberto com um chapéu alto, determinou náuseas, regurgitações que cessam desde que o medicamento é retirado.

A atropina dilata levemente as pupilas, seca a garganta, produz uma frouxidão muscular geral.

Um pacote de raízes de valeriana, posto em cima da cabeça sob um grosso boné de lã, produziu fatos inconcebíveis! T. segue uma mosca com os olhos, deixa a cadeira para correr atrás dela, põe-se a andar a quatro pés, brinca como um gatinho com uma rolha, arredonda as costas se alguém ladra, lambe as mãos e passa-as nas orelhas.

Com a retirada da valeriana, tudo desaparece e T. acha-se a quatro pés, admirado de ver-se nesta posição. Não tem lembrança alguma do que ocorreu.

O louro cereja, em aplicação sobre a cabeça, provocou em T., que é anarquista e ateu, uma explosão de sentimentos religiosos. Ele mostra uma parede nua onde seria mister colocar um Cristo, ajoelha-se diante da parede, ergue as mãos ao céu; depois, descobre-se. Neste momento, com as folhas que caem desaparece a sua devoção. Não lhe resta lembrança do que se passou.

Toda ideia de embuste da parte do paciente, todo pensamento de sugestão possível deve ser afastado, dada a ignorância de T. sobre este ponto e as precauções tomadas para nada dizer-se e nada fazer-se que possa produzir a sugestão."

O efeito assim produzido por medicamentos colocados sobre a cabeça de um «sujet», mas não absorvidos, pode explicar-se de quatro modos diferentes:

1º — O «sujet», por uma espécie de dupla vista, lê no pensamento do operador e auto-sugestiona-se; por exemplo: a sua pupila se dilata porque ele lê, no pensamento do operador, que tal é o efeito provocado pela atropina;

2º — Adivinha pelo mesmo mecanismo a natureza do remédio com o qual ele se acha em relação. Aí haveria ainda auto-sugestão;

3º — Os medicamentos seriam dotados de um «fluido» especial produzindo, a distância, em dadas condições, os efeitos fisiológicos ordinários;

4º — Enfim, a sugestão poderia operar-se, a distância, pelo operador, por meio de seu pensamento e independente dele.

Em todos os casos, exceto no terceiro, haveria **exteriorização do sensorium** de um ou de outro dos dois indivíduos em presença do operador ou do «sujet».

Fique entendido que só damos estas explicações a título de hipotéticas. Nossa regra é a de limitarmo-nos aos fatos.

Todos estes fatos, hoje superabundantemente demonstrados, foram acolhidos durante mais de século, nas diversas sociedades científicas, por negação absoluta. Como admirar-se, depois disto, que os fatos muito mais interessantes, mas também mais inverossímeis que vão ser estudados aqui, estejam ainda hoje banidos pela ciência oficial?

Assim, quando em uma reunião de cientistas, a questão do Espiritismo é trazida à discussão em Paris, por exemplo, no ano da graça de 1886, nove vezes em dez ouvireis dizer: «Tudo isso é pilhéria! há muito que o Espiritismo está enterrado; e, desde a grande epidemia de espiritomania que reinou no mundo há uns 30 anos, mal se vê, aqui e ali, alguns malucos que ainda se dêem às práticas das mesas giratórias. Tudo isso é produto da **trapaça** ou de uma **alucinação coletiva**».

Mas se, querendo ir ao fundo das coisas, perguntardes aos que resolvem por palavras o problema das mesas giratórias (que, se giraram, fizeram girar também não poucas cabeças), convencer-vos-eis de uma coisa: é que a opinião tão afirmativamente emitida não se apóia sobre nenhuma **experiência pessoal**.

«Fizestes experiências sobre o assunto?» perguntámos centenas de vezes. — «Eu não caio nessa!» responderam-nos quase sempre. «E' boa! porque então pronunciai-vos assim? Permiti-nos observar que isso é pouco científico... para um cientista.» Replicaram-nos que «aquilo» era impossível e por conseguinte «aquilo» não merecia exame. Littré definiu o Espiritismo: «Superstição dos espíritas». (4) Entretanto, tem-nos acontecido que, dirigindo-nos a homens, cuja autoridade científica universalmente faz lei principalmente em matéria de Fisiologia ou de Patologia nervosa, tem-nos acontecido recolher uma informação discreta neste gênero: «Vale a pena procurar; talvez se descubra aí alguma coisa!»

Quisemos verificar o assunto, e, movidos por curiosidade bem natural, procurámos por nós mesmo saber o que há ou não de verdade nele.

Declaramos, em alta voz, que, começando essas pesquisas, tínhamos a íntima convicção de nos acharmos em presença de uma mistificação colossal, que convinha desmascarar e custámos a perder esta ideia.

Tentámos, em primeiro lugar, algumas experiências em família ou em pequeno círculo de amigos tão crentes como nós; mas estas experiências, embora houvessem produzido certos resultados positivos, não nos satisfizeram.

Fizemos pesquisas na literatura especial; mas, salvo algumas raras obras escritas com espírito verdadeiramente científico, nada encontrámos que arrastasse à convicção, pelo menos a um homem habituado às observações rigorosamente exatas. Diremos mais: a leitura dessas histórias de almas

---

(4) Littré et Beaujean — **Dictionnaire de la langue française.**

do outro mundo, acompanhadas de comentários carolas e supersticiosos, provocavam-nos antes o tédio e inspiravam-nos o receio de um extravio intelectual comprometedor. Mas verdadeiros sábios não desdenharam ocupar-se destas coisas; porque não faríamos nós o mesmo? O assunto não é digno? Não o pensamos, e demais, como disse um dos homens aos quais acabámos de aludir: «E' dever dos homens de ciência, que aprenderam a trabalhar de maneira exata, examinar os fenômenos que atraem a atenção do público, a fim de confirmar-lhes a realidade ou explicar, sendo possível, as ilusões das pessoas honestas e desmascarar as fraudes dos impostores.» (5)

Levados cada vez mais pelo desejo de ver com os próprios olhos, assistimos a muitas reuniões «espíritas» anunciadas pelos jornais; ouvimos conferências muito bem feitas, na forma senão no fundo, por homens que pareciam gozar de todas as suas faculdades intelectuais, e frequentámos uma sociedade no seio da qual se encontravam reunidas pessoas muito sensatas, pelo menos em aparência, e exaltados, e fanáticos que criam em tudo quanto se lhes diz. Deixámo-nos tentar a ponto de sentar-nos perto de um cavalheiro ou de uma dama que se diziam «médiuns», com as mãos sobre uma mesa representando provisòriamente um «espírito», e confessamos que descobríamos em nós mesmo uma aparência inteiramente ridícula naquela posição. Entretanto, somos obrigados a declarar que desde o começo testemunhámos coisas surpreendentes e inexplicáveis, segundo pensamos, no estado atual de nossos conhecimentos. Exemplo: somos convidados a pensar em uma pessoa de nossa família morta há tempos; pensámos em um amigo falecido há dois anos, e depois de alguns segundos, por meio de pancadas correspondendo a letras do alfabeto, a mesa indica-nos exatamente o nome do

(5) **Quarterley Journal of Science**, Julho 1870.

nosso amigo, sua idade, que não sabíamos ao certo naquele momento — e que verificámos depois — sua última doença, e a aldeia em que morreu. Que quer dizer isto? Será nova manifestação do magnetismo? Terá havido aí transmissão de nosso pensamento? O «médium» terá lido tais coisas em nossos olhos? Não importa, o fato é muito curioso e merece bem estudado. «Vereis muito mais, diziam em torno de nós, se vos dispuserdes a observar esses «fenômenos».

Se o leitor consentir em perder algumas horas conosco, verá igualmente «muito mais».

Podemos afirmar desde já que os sábios eminentes, aos quais aludimos acima, tinham razão quando nos diziam: «Vale a pena procurar; talvez se descubra aí alguma coisa!» Diremos por nossa vez: há alguma coisa de real nos fenômenos insuficientemente estudados pelos «homens de ciência que aprenderam a trabalhar de maneira exata». Pensamos que a razão que faz recuar aqueles homens diante do estudo, do que ousaremos denominar um novo ramo da Ciência, é a mesma que os levou outrora a adiarem o estudo do magnetismo animal, disfarçado por mais segurança sob o nome de hipnotismo.

Talvez pensem que nos deixámos fàcilmente induzir em erro. Os que nos conhecem, sabem que não pecamos por excesso de credulidade; pertencemos à escola que teima em não admitir senão o que se demonstra, e em não crer senão no que se vê. Ora, atualmente, já para nós está demonstrado que certos indivíduos possuem em alto grau uma faculdade especial que se acha mais ou menos desenvolvida em cada um de nós, e que, por meio desta faculdade por uns denominada «força psíquica» (Cox, W. Crookes, etc.) e por outros ectênica ou ódica, é possível obter certos fenômenos inexplicáveis no estado atual da Ciência. Damos testemunho do fato; quanto às diferentes hipóteses que dão a chave dos fenômenos provocados por esta força, até presentemente, coisa alguma demonstrando, segundo pensamos, que elas sejam mais do que hipóteses, esperaremos o resultado da experimentação para firmarmos uma opinião e exprimi-la.

O que se segue não foi escrito no intuito de fazer o leitor partilhar de uma crença que o Autor não tem, mas no de plantar uma balisa a mais em o novo caminho a trilhar em direção à Verdade. Sabemos haver temeridade em tentar uma aventura tão arriscada; mas, por Deus! tanto pior para quem nos quisesse mal por desejarmos separar o falso do verdadeiro!

Dávamos os últimos retoques a este livro, quando recebemos, uma manhã, a visita de nosso bom amigo, o Dr. X., um dos nossos ex-colegas do Internato dos hospitais. Depois dos cumprimentos do estilo, amigo X., que parecia examinar-nos com inquieta atenção, o que, entre parêntesis, nos embaraçava um pouco, disse-nos ab-rupto:

— Não vos ocupais de Espiritismo?

— Conversaremos a este respeito — respondemos. — Mas, porque esta pergunta?

— Porque ouvi dizer, e depois de ter-vos escutado, ficaria admirado que tal acontecesse, porque um homem de bom senso...

— Há mais que admirar em vossas palavras, caro amigo, porque, enfim, sabeis o que é o Espiritismo?

— E' boa! Espiritismo é...

Aqui, nosso amigo, o Dr. X., um sábio que a Faculdade de Medicina honrar-se-á de contar, um dia, entre seus mais brilhantes professores, deu-nos, em uma curta preleção, a prova de que não conhecia a primeira palavra da questão. Ele teve, bem entendido, a intenção de demonstrar-nos outra coisa. Por isso ficou muito surpreendido, quando lhe respondemos:

— Mas, segundo dizeis, só ignorantes e homens estranhos a toda ciência se têm ocupado até hoje de Espiritismo! Ficai sabendo que sábios, ilustres entre os mais ilustres, pronunciaram-se de maneira completamente afirmativa sobre a realidade dos fenômenos espíritas.

Pusemos-lhe as provas debaixo dos olhos, e como X. não é dos que dizem: nem que me provassem eu acreditaria... — ficou literalmente estupefacto.

— Embora! — disse-nos ele — em vosso lugar, deixaríamos que outro se comprometesse à vontade, e não me ocuparia com tais coisas. Contentais-vos em fazer a história do Espiritismo; limitais o vosso trabalho em provar fatos que verificais; declarais que não sois espírita, seja; mas nem todos dirão isto... Os bons amiguinhos hão-de dizer negligentemente, quando falarem a vosso respeito: — «Ah, pois sim! Fulano, que se ocupa de Espiritismo» — e vos farão passar por visionário, alucinado, que sei eu?...

— Muito bem! é possível que, procedendo deste modo, eu me prejudique muito no ponto de vista de minha profissão; pode ser que eu esteja trancando meu caminho às academias, pequenas e grandes; mas, desde que verifico um fato, nada me impedirá de proclamá-lo, porque, em seu gênero, ele me parece da mais alta importância: **E pur si muove!**

Prefiro a felicidade de procurar a verdade à honra de fazer parte de uma sociedade que tapasse os olhos para não vê-la. Porventura Galvâni deixou-se vencer pelas zombarias dos finórios de sua época? Não. «Sou atacado — escreveu ele — por duas espécies de gente: os sábios e os ignorantes. Uns e outros me ridicularizam e denominam o mestre de dança das rãs. Pois bem! seja; entretanto acredito haver descoberto uma das maiores forças da Natureza.» Haveria ele tido a intuição da transmissão da força a distância pela eletricidade, da luz elétrica, e de outras coisas mais colossais, talvez, que não conhecemos?!

Minhas pretensões são menos elevadas: nada descobri, nada mais fiz do que verificar o que cem mil outros verificaram antes de mim; o que vi muitos cientistas distintos, em França, viram-no igualmente, mas nenhum deles teve a coragem de dizê-lo alto. E' mister que um de nós se arrisque; os outros seguirão... cedo ou tarde, principalmente se, conforme a frase de William Crookes, pudermos dizer dos fenômenos em questão «não que aquilo é possível, mas que aquilo é verdade».

— Adeus! — disse-nos X., despedindo-se —, tendes muita coragem.

Segundo a palavra do nosso amigo X., haverá tanta coragem em ocupar-se uma pessoa de um ramo inexplorado dos conhecimentos naturais? Não seria antes desertar da Ciência teimar-se em negar exame aos fatos afirmados por milhares de pessoas, que pertencem frequentemente às classes mais esclarecidas — e sobre todos os pontos do Globo? Descontando a parte devida a fraudes possíveis, não é lícito que os sábios se desinteressem de um assunto a respeito do qual um homem como o professor Challis, de Cambridge, escreveu que «os testemunhos relatando os fenômenos espíritas têm sido tão numerosos, tão concordes, que devemos admitir ou que os fatos são tais como são referidos ou então que não há mais possibilidade de crer em coisa alguma sobre o testemunho dos homens».

Podemos ter como supersticiosas as doutrinas do Espiritismo; mas que pensar da origem desta superstição? Em nosso século positivo, devemos saber explicá-la. Ela tem uma causa, e esta causa reside em fatos sem dúvida mal interpretados. Escutemos antes o professor Morgan: (6)

«Vi bem e ouvi bem, em condições que tornam impossível a incredulidade, fenômenos chamados

---

(6) Citado por W. Crookes. — **The modern Spiritualism.** Trad. de J. Alidel. Paris, 1885.

espiritualistas e dos quais um ser razoável não pode admitir a explicação por impostura, acaso ou erro.

«Até aí, sinto o terreno firme sob meus passos; mas, quando é mister chegar à causa destes fenômenos, não posso admitir as explicações que têm sido, até agora, apresentadas. Fàcilmente encontram-se explicações naturais, mas estas são insuficientes; de outra parte, a hipótese espiritualista (leia-se: espírita), que é mais satisfatória, ainda é bem difícil de ser admitida.»

A opinião de um sábio positivista tão considerável como o professor Morgan deverá porventura ser tratada com desdém? Quem poderá então reclamar a atenção e o respeito para sua própria palavra?

Não conhecemos todas as leis da Natureza; novas forças oferecem-se à nossa atenção com uma persistência inelutável; não temos o direito de adiar por mais tempo o seu exame, porque, segundo a expressão do ilustre William Thomson, (7) «a Ciência é obrigada, pela eterna lei da honra, a encarar de frente, sem temor, todo problema que pode francamente ser-lhe apresentado».

---

(7) Sir William Thomson — **Associação britan. para o adiantamento das ciências.** Discurso de abertura. Edimburgo, 1871.

Primeira parte

CAPÍTULO I

RAPIDO OLHAR SOBRE A FISIOLOGIA DO ESPIRITISMO

Nos primeiros tempos de nossos estudos médicos, lembramo-nos ter visto, um dia, entrar em uma pequena livraria da margem esquerda do Sena, onde casualmente nos achávamos, um homem de aspecto inspirado, de rosto magro e pálido, animado por duas pupilas febris.

O homem trazia um manuscrito que vinha oferecer ao editor, dizendo-lhe em tom misterioso: «Isto contém coisas da mais alta importância, mas devo dizer que não sou o autor verdadeiro, porque elas me foram ditadas por **Espíritos**.»

Naturalmente, aquele autor foi «acompanhado até à porta» com todas as honras devidas à sua classe de colaborador dos «Espíritos». A expressão desta fisionomia singular não se apagou ainda de nossa memória e, ùltimamente, levado pelos nossos estudos, prosseguindo em certas observações até no meio das sociedades espíritas, tornámos a encontrar a mesma expressão em certo número de adeptos fanáticos. Entre os primeiros cristãos, deviam ter este aspecto os que iam espontâneamente entregar-se para pasto das feras nos circos romanos. Não duvidamos também que, sendo necessário para confissão de sua fé, muitos espíritas não recuariam diante da perseguição, o que não provaria nada.

Entretanto, se um certo número de espíritos — terrestres, já se vê — se deixam entusiasmar pelas práticas espiritualistas a ponto de permitirem que sua razão perca o terreno, é justo dizer que eles formam a minoria, em Paris pelo menos. Conhecemos, por nossa parte, muitos homens sinceros e esclarecidos que estudam friamente a questão na esperança de surpreenderem aí a razão, o porquê da vida.

Uma coisa que geralmente se ignora no mundo científico e no público em geral, é que os adeptos do Espiritismo estão espalhados, em grande número, sobre todos os pontos do globo e em todas as classes da sociedade. Têm suas associações de estudos, de socorros mútuos, e, sem ir até pretender que constituam uma conjuração secreta cujas vastas ramificações minam o mundo — como as toupeiras cavam a terra, segundo a expressão de uma folha clerical —, é mister entretanto reconhecer que o Espiritismo ganha dia a dia uma importância tal pelo número crescente de seus neófitos, que brevemente serão obrigados a ocupar-se dele nas esferas oficiais, quer científicas quer políticas. O Espiritismo tornou-se uma crença, uma verdadeira religião.

Em França o número dos espíritas é menor do que na Inglaterra ou nos Estados Unidos, mas pensamos não exagerar dizendo que em Paris existem aproximadamente cem mil.

Jornais espíritas, revistas e outras folhas periódicas imprimem-se em todos os países da Terra. Pode-se fazer uma ideia mais precisa da importância que adquiriu a nova doutrina, pela quantidade das principais publicações que lhe servem de órgão, e cujo número aumenta diàriamente.

Treze revistas ou jornais espíritas publicam-se

em francês («La Revue Spirite», «La Pensée Libre», «Le Spiritisme», «La Lumière», em Paris, «La Religion Laïque», em Nantes, etc.), 27 em inglês, 36 em espanhol, 5 em alemão, (*) 3 em português, 1 em russo, 2 em italiano. Um jornal espírita franco-espanhol imprime-se em Buenos Aires e outro franco-flamengo em Ostende.

Entre estas publicações, duas são redigidas por homens revestidos de um caráter científico, tais são os «Proceedings» da Sociedade de Investigações Psíquicas, (8) de Londres, entre cujos membros destacamos os nomes de Gladstone, ex-primeiro mi-

---

(*) Atualmente há muitos jornais no Brasil, entre os quais o **Reformador**, órgão da Federação Espírita Brasileira. (N. T.)

(8) Extratos dos regulamentos e estatutos da **Sociedade de Pesquisas Psicológicas** de Londres:

Art. 1.º). **Título.** — O nome da Sociedade é: **Sociedade para as Investigações Psíquicas.**

Art. 2.º). **Fim da Sociedade** — Esta Sociedade é estabelecida para o fim: **a**) de unir em corpo organizado os homens de ciência e os investigadores, no intuito de animar o estudo de certos fenômenos obscuros, compreendendo os que se conhecem comumente sob a denominação de psíquicos, mesméricos, espiritualistas, e dar publicidade aos resultados dessas investigações: **b**) de imprimir, vender ou distribuir as publicações relativas a assuntos psíquicos ou análogos; de fornecer aos investigadores, por meio de correspondência ou por qualquer outra maneira, informações sobre estes assuntos; de reunir ou coordenar os fatos que lhe são relativos; de abrir salões de leitura, livrarias ou outros locais análogos, e de fazer em geral tudo que puder contribuir para a aquisição dos objetos citados.

Os membros pagam 1 guinéu por ano (25 fr.) ou 10 guinéus de uma vez por todas. Os membros fundadores pagam 20 guinéus.

NOTA. — Para prevenir qualquer erro, fica expressamente estabelecido que fazer parte da Sociedade não implica na aceitação de explicações particulares sobre os fenômenos examinados, como a crença de operação no mundo físico produzida por forças não reconhecidas pela Ciência.

Membros e associados honorários. — O conselho pode nomear membro honorário da Sociedade toda pessoa distinta por seu saber ou por sua experiência nas investigações psíquicas; e associado honorário toda pessoa que tiver prestado alguns serviços à Sociedade. Os membros assim elei-

nistro, W. Crookes, Alf. Russel Wallace. Estes dois últimos são, ao mesmo tempo, membros da Sociedade Real de Londres, sociedade sábia que corresponde ao nosso Instituto de França. O professor Balfour Stewart é igualmente membro da Sociedade Real. Atualmente a Sociedade de Investigações Psíquicas conta 254 membros efetivos, 21 membros honorários, 255 membros associados. Muitos sábios franceses fazem parte da Sociedade de Investigações Psíquicas, a título de membros correspondentes. Citemos os Drs. Bernheim e Liebault, de Nanci, Charles Richet, professor substituto da Faculdade de Medicina de Paris e diretor da «Revue Scientifique».

---

tos podem ser reelegíveis anualmente. Membros e associados honorários gozam dos privilégios, sem nenhuma das obrigações ligadas a estes títulos.

Membros correspondentes. — O conselho terá o direito de eleger como membros correspondentes, gozando das mesmas prerrogativas que os membros honorários, todas as pessoas capazes e que desejem auxiliar os projetos da Sociedade. Serão elegíveis nas reeleições anuais.

O secretário enviará a cada membro uma notícia de todas as questões que devem ser tratadas em reunião geral. A reunião especial dos membros da Sociedade poderá ser convocada pelo presidente, pelo conselho ou pelo secretário, a pedido de dez membros. Dez dias antes destas reuniões, será dado aviso de todas as questões que deverão ser tratadas e nenhum outro assunto poderá ser estudado. Todos os membros receberão uma circular para a reunião geral.

Um livro de presença será assinado por cada membro, à sua entrada na sala das reuniões. Em todas as reuniões do conselho, 4 membros formarão comissão, e todas as questões serão decididas por votação, e uma decisão tomada pela maioria será, salvo certos casos previstos, a decisão do conselho.

Comissões compostas de membros da Sociedade serão formadas para o estudo de projetos especiais. Cada comissão designada comunicará seus relatórios ao conselho, pela voz de seu presidente, e nenhum relatório será publicado sem a sanção do conselho. O conselho terá direito, com uma maioria de três quartos dos membros presentes, de suspender ou corrigir algumas das disposições regulamentares ou leis da Sociedade, depois de comunicar isso a todos os membros, sete dias antes da reunião. Estas alte-

Um jornal espírita alemão, o «Sphinx», é redigido igualmente por homens de ciência.

Um dos ardentes propagandistas do Espiritismo, em S. Petersburgo, é o Sr. Alexandre Aksakof, Conselheiro Secreto do Czar Alexandre III.

---

rações ficarão em vigor até à próxima reunião geral, a menos que não sejam confirmadas pela maioria dos membros presentes.

O conselho terá o poder de empregar os fundos da Sociedade, compostos de legados e doações, do modo que ele julgar conveniente, vendendo-os ou transformando-os. O conselho poderá estabelecer sucursais na Grã-Bretanha ou em outro lugar, e terá a possibilidade de cooperar com as Sociedades que têm em vista as mesmas ideias.

Auditores. — Haverá dois auditores: um escolhido pelos membros da Sociedade, outro pelos membros do conselho. Estes auditores darão contas ao conselho dos relatórios da Sociedade, serão autorizados a examinar em todos os detalhes a questão das despesas a fim de verificar o emprego dos fundos, segundo os estatutos.

Propriedades e fundos. — Cada livro aceito pela Sociedade para leitura ou publicações ficará sendo sua propriedade absoluta, a menos que os direitos de autor tenham sido especialmente reservados. Os bens da Sociedade serão confiados pelo conselho a uma comissão formada por membros e outros oficiais da Sociedade.

Comunicações. — O registro de uma comunicação com endereço a um membro ou associado será feito como o dos membros e associados que residem no estrangeiro, contanto que estes últimos indiquem um lugar de seu endereço no Reino-Unido. Uma comunicação enviada pelo secretário de uma sucursal ou Sociedade aliada será considerada como avisos dos membros da Sociedade a que pertence o secretário.

CAPÍTULO II

A DOUTRINA ESPÍRITA. — OS MÉDIUNS

O fundamento da doutrina professada pelos espíritas reside em um axioma que é a base de sua fé e sobre o qual todos estão de acordo: **Nós podemos**, segundo os espíritas, **comunicar com os Espíritos, isto é, com as almas dos homens que morreram.** Veremos mais tarde que as opiniões estão divididas sobre grande número de outros pontos, e que o Espiritismo, embora negue ser uma religião, nem por isso evitou a sorte das religiões: seus crentes dividiram-se em seitas.

Mas, como os espíritas admitem a possibilidade das relações entre os mortos e os vivos? Segundo eles, essas relações ou comunicações ocorrem por intermédio de indivíduos dotados de um poder especial não definido ainda, por meio do qual os **Espíritos** podem adquirir a força necessária de ação sobre a matéria que cai sob nossos sentidos materiais. Os indivíduos possuidores da qualidade particular que serve de laço, de meio de comunicação, de intermediário entre os dois mundos, são denominados **médiuns**.

Somos todos — falamos segundo a teoria espírita — mais ou menos **médiuns**, mas muito poucos indivíduos possuem o poder **mediúnico** (ainda um neologismo) ou **medianímico**, em grau suficiente para dar lugar a fenômenos evidentes.

Sem querermos dar um vocabulário completo da linguagem espírita, somos forçados, para sermos compreendidos pelos que ignoram totalmente essa coisa nova, a dar algumas explicações sobre os termos que formos obrigado a empregar. De resto, a maior parte destas expressões se fazem compreender por si mesmas, e devemos dizer que, se geralmente são justas, algumas não são muito felizes. São, não raras vezes, fúnebres, e o cunho sepulcral de algumas delas tem contribuído para cercar de um véu de vaga tristeza os mistérios da Doutrina Espírita: alguns profanos seriam mais depressa tentados a considerá-la uma espécie de vampirismo. Assim é que nos escritos especiais fala-se sempre em **vida de além-túmulo**, em comunicação de além-túmulo; diz-se que somos **Espíritos encarnados**. Um homem que deixa a vida: **desencarnou**, etc. Se fôssemos espírita, esforçar-nos-íamos por fazer desaparecer o que poderia ensombrar uma doutrina cujas principais pretensões são consolar os vivos da perda dos que se foram, e fazer-lhes encarar, como a religião de nossos avós os Gauleses, a morte como um despertar cheio de encantos, e a vida futura como um alvo desejável. Falaremos depois das diferentes espécies de médiuns.

CAPÍTULO III

ORIGENS DO ESPIRITISMO

Como demonstraremos depois, se a palavra Espiritismo é de data recente, a doutrina a que ela se aplica, que quer definir em uma palavra, é tão antiga quanto o mundo. Todavia, em nossa moderna civilização europeia-americana, a aparição dos fenômenos espíritas, sua classificação, sua determinação metódica datam por assim dizer de ontem.

A história dessas manifestações, contada longamente pelos crentes da primeira hora, tem tal perfume **sui generis**, que pensamos dever contá-la resumidamente.

Foi em Dezembro de 1847, segundo um autor norte-americano, (9) que uma família de origem alemã, a família Fox — cujo nome primitivo (Voss) havia sido americanizado — veio estabelecer-se em uma povoação chamada Hydesville. Esta aldeia está situada no condado de Wayne, circunscrição de Arcádia, nos Estados Unidos. (10)

A família Fox compunha-se do pai e da mãe, John Fox, sua mulher e três filhas. Se o Espiritismo chegar a ser (como é sua pretensão) a religião do futuro, os nomes das duas mais novas meninas Fox ficarão célebres na História. Uma,

(9) Emma Hardinge. — **History of modern american spiritualism.**

(10) Estado de Nova Iorque.

Margarida, tinha 15 anos; a outra, Kate, tinha apenas doze.

As pessoas que compunham a família Fox pertenciam à Igreja Episcopal Metodista, da qual eram, diz a Sra. Hardinge, «membros exemplares e incapazes de merecerem a suspeita de fraude ou duplicidade».

Alguns dias depois que se instalaram em sua nova residência de Hydesville, fatos extraordinários, cuja intensidade foi crescendo, produziram-se na casa.

Observamos ainda uma vez que somos um simples narrador.

Ouviram-se, conta a Sra. Emma Hardinge, pancadas nas paredes, no soalho e peças vizinhas, etc. Às vezes, estando a família reunida para a refeição da noite, fazia-se grande rumor no quarto de dormir das meninas; todos corriam a inteirar-se da causa do barulho; se bem que portas e janelas estivessem hermèticamente fechadas, não encontravam ninguém, mas os móveis estavam de pernas para o ar ou misturados uns com os outros! Esses móveis, mesmo em presença da família, eram agitados por movimento oscilatório como se estivessem sacudidos sobre as ondas. Este fato sucedia principalmente com o leito das meninas. Os Fox viam sua mobília mover-se como se estivesse animada de vida especial; ouviam-se passos no soalho. As meninas sentiam mãos invisíveis correndo sobre seus corpos; estas mãos eram quase sempre frias. Sucedia também que as meninas experimentassem a sensação de um grande cão a esfregar-se de encontro à sua cama.

Frequentemente, durante a noite, John Fox levantava-se acompanhado da mulher e, seguido das meninas Fox, rodeava sua propriedade, procurando surpreender os vizinhos trocistas, que, segundo pensavam, eram os autores das perturbações trazidas, à noite, por essas desordens que tanto tinham de insólitas como de desagradáveis.

Como já se terá adivinhado, nenhum vestígio se descobria que indicasse a passagem de um ser humano.

Enfim, em Fevereiro de 1848, a vida tornara-se insuportável na casa habitada pela família Fox; as noites passavam-nas sem dormir, e até os dias não eram isentos de perturbação. Durante todo o mês de Março, ouviram-se os mesmos ruídos com variação de intensidade, mas, a 31 de Março de 1848, eles foram mais fortes do que de costume. Pela centésima vez, John Fox e a Sra. Fox fizeram trancar as portas e janelas, investigando a procedência dos rumores; mas eis que um fato novo e inteiramente inesperado se revela: ouvem-se sons imitando manifestamente, e como por zombaria, os sons produzidos por portas e janelas, que eram abertas e fechadas! Desta vez, havia motivo para perder-se a cabeça.

A mais nova das meninas, a pequena Kate Fox, vendo que esses ruídos não lhe ocasionavam mal algum, acabara por familiarizar-se com eles, e como, naturalmente, os atribuíam ao diabo, a menina Fox, sentindo-se sem dúvida com a consciência pura, tinha chegado a caçoar com o seu autor, a quem ela chamava o Sr. Pé-de-Cabra.

Uma noite, fazendo estalar os dedos certo número de vezes, ela disse ao invisível barulhento:

— Fazei como eu, Sr. Pé-de-Cabra.

E instantâneamente o mesmo ruído foi repetido semelhante e outras tantas vezes. A menina fêz ainda alguns movimentos com o dedo e o polegar, mas devagarinho, e, com grande surpresa sua, foi dado o número de pancadas igual ao número de movimentos que ela havia executado silenciosamente.

— Minha mãe! — exclamou ela — atenção! ele vê e ouve!

A Sra. Fox, tão maravilhada como sua filha, disse ao misterioso companheiro: «Conte até dez», e dez pancadas foram ouvidas. Foram feitas muitas perguntas, que tiveram respostas exatas. A pergunta: «Sois homem?» não teve resposta, mas muitas pancadas claras soaram quando indagaram: «Sois Espírito?»

Com permissão do invisível visitante foram chamados os vizinhos, e grande parte da noite passou-se em fazer as mesmas experiências, com os mesmos resultados.

Tal é a origem, o ponto de partida do moderno Espiritualismo «a primeira comunicação — diz Eugênio Nus, em uma obra de que teremos ocasião de falar mais de uma vez — estabelecida por uma menina de doze anos com este fenômeno que devia em breve invadir a América e a Europa, negado pela Ciência, explorado por charlatães, ridiculizado pelos jornais, anatematizado pelas religiões, condenado pela justiça, tendo contra si todo o mundo oficial, mas por si esta força mais poderosa do que tudo: este atrativo do maravilhoso.» (11)

Assim, acabou-se por verificar que estes ruídos eram produzidos por um agente invisível, e que este agente se dava por um **Espírito**. Restava descobrir o meio de comunicar com tal Espírito; mas isso não tardou, e como se as bases do Espiritismo devessem simultâneamente estabelecer-se, dentro de poucos dias foram descobertas a mediunidade e o meio de comunicação entre este mundo material e o mundo espiritual, com o auxílio do **spiritual telegraph**, isto é, por meio dos **rappings** ou pancadas indicando as letras do alfabeto.

A descoberta da **mediunidade** resultou do fato de observar-se que os exercícios dos Espíritos executavam-se mais frequentemente em presença das Srtas. Fox e principalmente por meio da mais moça: Kate Fox.

Os modernos espiritualistas acharão talvez que

---

(11) Eugène Nus. — **Choses de l'autre monde, 3.e éd.**, Paris, Dentu.

contamos, num tom menos respeitoso do que eles desejariam, esta curta história do começo de sua fé, mas não devem esquecer-se de que não partilhamos ainda as crenças que lhes são caras. Contamos imparcialmente os fatos que encontrámos consignados, sem comentário, do mesmo modo que exporemos sem discussão os que observámos, tendo o cuidado, todavia, de indicar minuciosamente as precauções, igualmente pouco respeitosas, de que cercámos cada uma de nossas experiências, como era nosso dever.

Voltemos à história da família Fox. Segundo a Sra. Hardinge, verificou-se que, graças a certas forças magnéticas, alguns indivíduos possuíam o poder de médiuns, o qual era recusado ao comum dos mortais, e que este poder, ou antes esta força especial, diferia extremamente segundo os indivíduos que a possuíam, e que era muito sensível às diversas emoções morais que a fazem variar de intensidade em um mesmo indivíduo. Resultaria também das observações feitas desde os primeiros momentos, por meio «das comunicações» ou «mensagens», que este movimento espírita, isto é, a inauguração destas comunicações entre os habitantes dos dois mundos, foi preparado por «Espíritos» científicos e filosóficos que, durante sua existência sobre a Terra, se haviam ocupado especialmente de pesquisas sobre a eletricidade e sobre diversos outros fluidos imponderáveis. À testa destes Espíritos achava-se Benjamim Franklin, que frequentemente, dizem, deu instruções para explicar o fenômeno, e indicou a maneira de aperfeiçoar, de desenvolver as vias de comunicação entre os vivos e os mortos. Numerosos Espíritos, tanto para dar uma nova demonstração do fenômeno como atraídos por afeições de família, dizem, vieram trazer provas irrefutáveis de sua identidade, anunciar que continuavam a viver, mas sob outra forma, que amavam sempre e que, da esfera mais feliz onde estavam colocados, velavam pelos que choravam sua morte, desempenhando, por alguma forma, junto deles, o papel de anjos de guarda.

Os círculos, os harmoniosos **meetings**, recomendados pelos Espíritos, constituíram-se depressa, e numerosos médiuns revelaram-se. As práticas espíritas espalharam-se como um rastilho de pólvora; mas não faltaram desgostos e nem tudo foi felicidade nas famílias dos médiuns. Não raramente os **spiritual circles** eram invadidos por fanáticos de diferentes seitas, e cenas selvagens acompanharam estas irrupções, em que houve a deplorar violências, grosserias e absurdos de toda a espécie.

Foi uma confusão indescritível; uns anunciavam que o movimento indicava a volta próxima do Messias, que o **millenium** havia chegado, e que o fim deste mundo perverso estava próximo, etc.

Naturalmente, os diferentes cleros das mil e tantas seitas ocuparam-se da questão; os padres católicos, julgando-se os mais fortes, confiantes e com grandes reforços de hissopes, vieram exorcizar os Espíritos e as mesas caprizantes. Mas as mesas possessas faziam coro e respondiam amém às orações exorcistas. O efeito era nulo: a água benta da Idade Média havia-se deteriorado!

A família Fox, que não quis submeter-se e que se considerava encarregada da missão de espalhar o conhecimento desses fenômenos, foi expulsa da Igreja Episcopal Metodista. Ela refugiou-se em Rochester (12) por causa da perseguição do Espírito batedor, que continuava, com menos sem-cerimônia ainda, a perturbar o seu lar. Mas em Rochester, cuja população carola como a de todas as cidades da América reparte-se em multidão de seitas, houve perseguições de outro gênero e, desta vez, devidas à maldade dos vivos. O povo amotinou-se contra os Fox; estes se ofereceram para dar uma

---

(12) Estado de Nova Iorque, sobre o canal Erié.

prova pública dos fenômenos em presença da população de Rochester reunida na maior sala da cidade, em **Corynthian hall**. A primeira conferência espírita foi recebida com vaias e assobios; não obstante, depois de um destes tumultos que parecem ser o apanágio das reuniões públicas anarquistas, nomearam uma comissão. Após o mais minucioso exame, contra a geral expectativa, contra sua própria expectativa, a comissão concluiu pela realidade dos fenômenos anunciados. Mal satisfeitos, os cidadãos de Rochester elegeram segunda comissão, que foi mais rigorosa ainda do que a precedente. Os médiuns, isto é, as meninas Fox foram revistadas e até despidas por comissários femininos: segundo relatório, ainda mais favorável do que o precedente.

A indignação dos habitantes de Rochester exacerbara-se e, por insistência, uma terceira comissão foi nomeada, compondo-se de pessoas das mais incrédulas e escarnecedoras. As investigações foram ainda mais ultrajantes para as pobres mocinhas; mas, humilhada, a comissão foi obrigada a proclamar que Rochester não tinha razão. A exasperação dos populares era indescritível; falava-se de linchar médiuns e comissários, e, quando a leitura do relatório da comissão foi feita sobre o estrado do **Corynthian hall**, a família Fox, seus amigos e os comissários só deveram a sua salvação, segundo a Sra. Hardinge, à interferência de um quáquer, chamado George Willets, que, em razão do caráter pacífico de sua religião, tinha nestas circunstâncias dramáticas uma autoridade particular. O quáquer George Willets postou-se arrogantemente no alto do estrado, em frente da multidão que o ia invadir, e «declarou que a quadrilha de bandidos que queria linchar as duas raparigas só o conseguiria passando sobre o cadáver dele!».

Pouco faltou para que o Espiritismo, em seu começo, contasse por mártires os seus primeiros apóstolos.

Seja qual for a opinião professada nesta matéria, o espetáculo dessas mocinhas, quase sofrendo o martírio desta multidão exasperada por algumas pancadas e movimentos inexplicáveis de uma mesa, provoca a comoção. Além do interesse apresentado pelo fato, sob o ponto de vista da história do Espiritismo, pareceu-nos que havia ali um documento humano, como se diz hoje, merecendo as honras de uma menção especial.

Como é natural, a curiosidade, o atrativo do maravilhoso também concorrendo, todos quiseram ver; a população, na América do Norte, interessou-se pela nova doutrina, parte no intuito de combatê-la, parte no de sustentá-la. Enquanto os homens sérios e particularmente os sábios de todas as ordens não se pronunciavam, muita gente, que não sabe ter opinião por si mesma, manteve-se reservada. Mas desde o dia em que a discussão atingiu as alturas de um debate científico, a questão mudou de aspecto e pode-se dizer que imediatamente a América do Norte se achou literalmente submergida pelas ondas do Espiritismo.

Primeiro, o juiz Edmonds (13) publicou um trabalho sobre investigações que ele empreendera com ideia de demonstrar a falsidade dos fenômenos espíritas. O resultado final foi diametralmente oposto ao que o autor primitivamente se propusera.

Em seguida, o sábio Mapes, professor de Química na Universidade, depois «de repelir desdenhosamente as coisas», foi obrigado a convir «que elas nada tinham de comum com o acaso, a fraude ou a ilusão».

Chegou a vez do Dr. Hare (Roberto), profes-

---

(13) Edmonds. — **The Amer. spiritualism. — Der Americanische spiritualismus.** Trad.-Alem., Leipzig, 1873.

sor da Universidade de Pensilvânia, que publicou uma obra cuja repercussão foi considerável. (14)

Roberto Hare instituiu uma série de experiências muito engenhosas, demonstrando que em ausência de toda a pressão efetiva, só por aposição dos dedos de um médium, o instrumento com o qual o professor experimentava acusava um aumento de peso de muitas libras. Assim, como veremos mais tarde, o professor Crookes, de Londres, repetiu essas experiências e reconheceu-lhes rigorosa exatidão!

Um sábio e original escritor, portador de nome bem conhecido dos que se ocupam da questão social, Roberto Dale Owen, filho do famoso Roberto Owen, da Inglaterra, publicou um livro sobre o mesmo assunto, onde se encontra grande quantidade de fatos realmente muito curiosos, para não empregar a expressão de extraordinários. (15) Mas essa obra é de data quase recente e foi escrita em momento em que relativa calma se produzira nos espíritos. E' mister recuar-se mais para ter um resumo das proporções que atingiu a agitação provocada nos primeiros tempos pela questão do moderno Espiritualismo na livre América.

De 1850 a 1860, só se falava disto em toda a parte; as sociedades sábias examinavam, os clérigos discutiam, os homens de letras, os advogados, todo o mundo, em uma palavra, agitava-se e... injuriava-se. Foi a coisa a tal ponto que o Conselho Legislativo do Alabama, para lançar um pouco d'água fria sobre a efervescência epidêmica que se apoderara dos cérebros norte-americanos, votou uma resolução (**bill**) decretando que toda pessoa disposta a entregar-se às manifestações espiritua-

---

(14) Robert Hare. — **Experimental investigation of Spirit manifestations.** Filadélfia, 1856.

(15) **Footfalls on the boundary of another World** (tropeços nos limites do outro mundo) Filadélfia, 1887.

listas seria condenada a pagar uma multa de 500 dólares. Não lembra isto o famoso

De part le Roy defense à Dieu
De faire miracle en ce lieu! (*)

dos convulsionários de Saint-Medard?

Pena foi que o governador tivesse recusado sancionar a lei adotada pela legislatura do Alabama; este marco falta-nos para indicar a grande excitação que assinalou a história do moderno Espiritualismo, em 1860. Enfim, já é bonito ver-se uma assembleia eleita, composta de homens graves, ditando uma medida calcada em um draconismo tão cômico.

Se quiséssemos acompanhar o Espiritismo, desde 1860 até a hora atual, entraríamos em seguida na exposição das pesquisas que foram feitas sobre esta matéria por diferentes sábios, mas prometemos demonstrar que o Espiritismo é velho como o mundo; devemos, pois, retrogradando, fazer a nossa demonstração; isto nos levará provàvelmente a provar ligeiramente que o mundo é muito mais velho do que geralmente se pensa.

(*) Por ordem do rei, fica Deus proibido de fazer milagres neste lugar (N. do T.)

CAPÍTULO IV

O ESPIRITISMO ENTRE OS ÍNDIOS DA AMÉRICA. — A CABALA HEBRAICA

§ I

A maior parte dos autores que escreveram em defesa do Espiritismo, sempre referiram antigas lendas de casas mal-assombradas, de aparições de visões, etc., a fim de mostrarem que as aparições a que eles chamavam «Espíritos» verificaram-se em todos os tempos. Isto provaria, segundo estes escritores, que as relações entre os vivos e os mortos são bem autênticas, porque foram verificadas e notadas em épocas nas quais se ignorava até o nome de Espiritismo.

Não sabemos se este argumento possui algum valor para certas pessoas; quanto a nós, só aceitamos estas narrativas como documentos de expectativa e não cremos que a maior parte delas possa ser invocada a título de provas incontestáveis da existência da alma humana.

Seja como for, para tirar deste trabalho o que poderia ele apresentar de demasiado árido, caso se limitasse a expor fatos puramente experimentais, pensamos que o leitor não levará a mal mencionarmos algumas dessas narrações, que damos a título de curiosidade.

Já que assistimos ao nascimento do Espiritismo na América do Norte, não deixaremos este país sem fazermos uma curta excursão entre os autóctones do Novo Mundo. Veremos que os médiuns são notàvelmente encontrados entre os peles-vermelhas, que representam talvez, segundo dados recentes sobre a história do planeta Terra, os restos de uma antiquíssima raça outrora preponderante sobre o nosso globo.

Seria a vizinhança dos peles-vermelhas que determinou a aparição dos fenômenos aos quais nos referimos acima? E' uma causa que nos parece ocioso investigar.

Compilamos da interessante obra de Eugênio Nus os seguintes excertos. (16)

Eis em primeiro lugar a história escrita por um tal Alexandre Henri, feito prisioneiro pelos índios, nas guerras de 1759. Sir William Johnson dirigira uma mensagem aos peles-vermelhas convidando seus chefes, instalados no salto Santa Maria, para que viessem concluir a paz no Forte do Niágara.

"Era uma coisa de grandíssima importância para ser abandonada à decisão da simples sabedoria humana. Fizeram-se, pois, os preparativos necessários para ser evocada solenemente e consultada a *Grã-Tartaruga.* Começaram por construir uma grande casa ou *wigwam*, no interior da qual foi colocada uma espécie de barraca, para uso do sacerdote e recepção do Espírito. Esta barraca, com quatro pés de diâmetro, era feita de peles de alce cobrindo um madeiramento construído com esteios enterrados a dois pés de profundidade, com dez pés de altura, oito polegadas de espessura, e fortemente ligados por travessas. As peles estavam sòlidamente ajustadas em torno deste madeiramento por

(16) **Choses de l'autre monde** — Se bem que o Autor declare não aceitar todas as teorias dos espíritas, ele é partidário convencido da existência do Espírito, e para prová-lo seu livro está cheio de casos. Quando muito poderiam censurar-lhe o haver confundido todos os sábios na mesma reprovação e ter usado de demasiada severidade para com eles; mas ele o fêz com tanto humorismo que é impossível, até ao mais intransigente dos sábios, guardar-lhe rancor por muito tempo.

correias, exceto de um lado onde foi deixada uma pequena abertura pela qual o padre devia entrar.

Com pouca demora chegou o padre em estado de completa nudez. Aproximou-se da barraca, na qual se introduziu arrastando-se sobre suas mãos e seus joelhos. Mal sua cabeça havia penetrado na abertura, e o madeiramento maciço e sólido, como já o descrevi, começou a ser sacudido; e a pele pendente à porta ainda não tornara a descer quando sussurros de vozes numerosas foram ouvidas na barraca, umas dando gritos selvagens, outras ladrando como cães, outras uivando como lobos.

A este horrível concerto misturavam-se lamentações, soluços como de desespero, de angústia e de dor aguda. Palavras eram também articuladas como que saindo de bocas humanas, mas em língua desconhecida de todo o auditório.

Depois de algum tempo, um silêncio mortal sucedeu a este tumulto confuso e horrível. Em seguida, uma voz, que não tinha sido ainda ouvida, indicou a chegada de novo fenômeno na barraca. Era uma voz fraca e baixa, semelhante ao grito de um cãozinho. Mal foi ouvida esta voz, quando todos os índios bateram palmas de júbilo, gritando que era o chefe dos Espíritos, a Tartaruga, o Espírito que nunca mentia. Eles haviam pateado anteriormente as outras vozes que eram ouvidas de tempos a tempos, reconhecendo-as como pertencentes aos Espíritos maus e mentirosos que enganam os homens. Novos sons vieram da barraca. Durante o espaço de hora e meia, uma sucessão de ruídos foram ouvidos, no meio dos quais vozes diversas se escutavam.

Desde que o padre entrara na barraca, até que todos esses rumores cessaram, sua voz não se fizera ouvir. Mas então ele se dirigiu à multidão anunciando a presença da Grã-Tartaruga e o consentimento do Espírito em responder a todas as perguntas que lhe fôssem feitas. As perguntas foram dirigidas pelo chefe da povoação, que prèviamente passou, pela abertura da barraca, uma grande quantidade de tabaco. Era um sacrifício oferecido ao Espírito, porque os indígenas imaginam que os Espíritos gostam tanto de tabaco como eles. Sendo aceito o tabaco, ele pediu ao padre que perguntasse se os ingleses se preparavam ou não para fazer a guerra aos índios e se havia no Forte do Niágara grande quantidade de uniformes vermelhos.

Apenas estas perguntas foram feitas pelo padre, a barraca foi imediatamente sacudida, e, alguns minutos depois, ela continuou a agitar-se tão violentamente que eu esperava vê-la desabar a todo momento.

Eu pensava que era o prelúdio da resposta; mas um grito terrível anunciou claramente que a Grã-Tartaruga acabava de partir. Um quarto de hora decorreu em silêncio, e eu estava impaciente para ver qual seria o novo incidente desta cena. Foi a volta do Espírito, cuja voz se fêz de novo ouvir, e que então pronunciou um grande discurso. A linguagem da Tartaruga, semelhante à que já havíamos escutado, era ininteligível para todos, exceto para o padre. Só quando o Espírito acabou de falar e o padre nos traduziu sua narrativa, foi que achámos o sentido desta extraordinária comunicação. O Espírito, como no-lo informou o padre, tinha, durante sua ausência, transposto o lago Huron, ido ao Forte do Niágara, e dali a Montreal. No Forte do Niágara não havia visto muitos soldados; mas, descendo o São Lourenço até Montreal, tinha visto o rio guarnecido de embarcações cheias de soldados, tão numerosos como as folhas das árvores. Ele encontrara-os navegando pelo rio para virem combater os índios. O chefe perguntou então se, no caso em que os índios fôssem visitar Sir William Johnson, este os receberia como amigos. O Espírito respondeu, sempre de acordo com a interpretação do padre, que Sir William Johnson encheria suas canoas de presentes: cobertores, panelas, espingardas, pólvora, balas e grandes pipas de rum, em tanta quantidade quanta coubesse nas canoas, e que todos voltariam em segurança para a povoação.

Então o transporte foi universal, e, no meio de palmas, cada qual exclamou: "Eu irei, eu irei também!"

Estive atento, durante toda a cena que descrevi, em observar as conivências que pudessem ter ocorrido, mas foi-me impossível descobrir alguma.

O resultado da expedição, contada na história de Drake, confirma inteiramente as promessas feitas pelo Espírito que *nunca havia mentido*."

Na «História da Nova-França», de Charlevoix, encontra-se, feita por de Champlin, a descrição de uma cena igual ocorrida entre os algonquinos e os hurões.

Eis ainda outra narração mais moderna, que copiámos da mesma obra; é tirada de uma carta escrita pelo Sr. Larrabée, presidente do Tribunal de Wisconsin, ao Governador Tallmadge.

"Conversei a semana passada com L. John du Bay, que conheço um pouco. Passou toda a sua vida no meio dos índios, e foi, durante muitos anos, agente da Companhia Americana de Peles. Contou-me muitos fatos provando que as comunicações com os habitantes do outro mundo são muito comuns entre os índios. Disse-me que, em diferentes ocasiões, viu um médico índio construir três choças, enterrando esteios que eram cobertos de peles de cervo formando pequenas barracas que só podiam conter uma pessoa sentada. Estas barracas eram dispostas a cerca de dois pés de distância uma da outra. Em uma, o médico colocava seu calçado (*mocassins*), em outra, suas perneiras, e postava-se na do meio. Então, todo índio que queria *conversar com um bravo defunto* fazia perguntas. Logo as barracas começavam a oscilar como se fôssem sacudidas por alguém colocado no interior, e ouviam-se vozes saindo de uma e de outra, e às vezes das três ao mesmo tempo.

Estes sons só eram inteligíveis para o médico, que se encarregava de traduzi-los. Du Bay diz que segurou estas barracas muito frequentemente e empregou toda a sua força para deter-lhes o movimento, mas debalde, que levantou então as peles, e certificou-se de não existir ninguém em seu interior.

Du Bay contou-me também alguns exemplos do poder da *segunda vista* desses médicos. Há alguns anos, ele chegara a uma feitoria sobre as cachoeiras do Wisconsin. Esperava ali outro negociante, que devia chegar de um ponto mais setentrional, sobre o lago Superior. Esperava em vão havia alguns dias, quando o médico se propôs anunciar-lhe o instante em que seu amigo chegaria. A proposta foi aceita com incredulidade. O médico sentou-se na relva e tapou a cabeça com uma coberta. Passados alguns minutos, ergueu-se e disse:

— Amanhã as nuvens cobrirão o céu; mas, quando o Sol estiver a tempo de desaparecer no poente, vereis um espaço claro e neste espaço o Sol. Então, se olhardes ao longe, para a ponta de terra sobre a outra banda dos lagos, vereis chegar o vosso amigo.

No dia seguinte, como havia sido predito, o céu esteve nublado até o pôr do Sol; depois, as nuvens dissiparam-se e o. Sol se mostrou. Du Bay olhou para o ponto indicado, mas não viu chegar o negociante. Voltou-se para o médico vermelho e começou a gracejar. Este respondeu sòmente:

— Vou ver.

Então, sentando-se como na véspera, um momento e levantando-se, disse:

— Em cinco minutos o avistareis.

Ao fim deste tempo, disse du Bay, o meu homem aparecia e chegava ao lugar..."

Segundo o Dr. Fizgibbon, último governador de Bay Island, muitos indígenas são naturalmente médiuns e, por este motivo, obtêm resultados mais poderosos e mais extraordinários que qualquer médium branco. Os Espíritos que se manifestam por seu intermédio dão-se uns por hispano-americanos, outros pretendem pertencer a raças mais antigas que construíram as cidades, cujas ruínas maravilhosas são encontradas sob o solo das chamadas florestas virgens da América. Outros Espíritos, segundo os médiuns vermelhos, que lhe traduzem o idioma desconhecido, dizem-se ainda mais antigos e inculcam-se fenícios, japoneses, tártaros e árabes chegados em diferentes épocas, por tribos, em um tempo em que, não existindo o estreito de Bhéring, a América e a Ásia formavam um só continente.

Porque, perguntar-nos-ão, introduzis em uma obra séria e que pretende ser de qualidade científica, contos azuis como esses? Em parte já respondemos a esta objeção: só citamos esses contos a título de curiosidade — o que não significa duvidarmos de modo algum da boa fé dos que os escreveram — ou a título de documentos de expectativa.

Mas, deixemos a América e sigamos para outras plagas.

§ II

Temos hoje a prova de que, entre os antigos hebreus, o texto vulgar dos livros da Lei, cuja leitura Moisés recomenda a todos, a Gênesis bem como as outras partes do Pentateuco não eram consideradas pelos iniciados do Templo e das sinagogas como a manifestação completa da Verdade. Alguns homens, fazendo parte do que se chamava a Cabala, possuíam uma gênesis para seu uso, assim como sua teologia e sua filosofia, que o vulgo devia ignorar. Se os documentos que temos sobre a Cabala são muito incompletos, é isto devido ao modo de iniciação, que se fazia à sombra dos tabernáculos e consistia quase ùnicamente em um ensino oral. E' provável que tenha sucedido o mesmo com a maior parte das iniciações: cada religião tinha seu exoterismo, no qual sòmente os padres eram iniciados sob a fé de juramento terribilíssimo. «Lembra-te, meu filho, diziam os bramas indus ao neófito, de que só existe um Deus, senhor soberano e princípio de todas as coisas, e que todo brama deve adorar em segredo. Mas sabe também que é um mistério que não deve jamais ser revelado ao estúpido vulgo. Se o fizesses, suceder-te-iam grandes desgraças.» (17)

A quintessência da doutrina, ou hermetismo, era reservada para um número limitado de iniciados.

§ III

Os que consideram a Bíblia como a palavra de Deus não devem opor nenhuma dificuldade em admitir as aparições dos mortos: a narrativa da

---

(17) **La Bible dans l'Inde.** — L. Jacolliot, segundo Vhrihaspali.

evocação da sombra de Samuel diante de Saul, pela pitonisa do Endor, força-os a isso. Quanto a nós, que só temos por objetivo os fatos, consignamos que a pretendida comunicação dos vivos com os mortos e as práticas para a provocarem eram de conhecimento vulgar entre os hebreus, que certamente as receberam dos egípcios.

Mas o fato curioso é que esta espécie de necromancia foi, de alguma sorte, uma das bases da doutrina cabalística, como o provam os raros escritos que chegaram até nós sobre esta teocosmogonia secreta. Eis um extrato das lendas cabalísticas, onde a prática das evocações se acha demonstrada:

«Um dia, nosso mestre Jochanan ben Zachai foi viajar, montado em um burro e acompanhado pelo rabi Eleazar ben Aroch. Então, este pediu que lhe ensinasse um capítulo da Mercaba. (18) — Não vos disse, respondeu o mestre, que é proibido explicar a Mercaba a uma só pessoa, a menos que a sua sabedoria e a sua própria inteligência dispensem auxílio estranho? — Ao menos, replicou Eleazar, seja-me permitido repetir diante de ti o que me ensinaste desta ciência. — Pois bem! fala, respondeu ainda o mestre. Dizendo isto, apeou-se, cobriu a cabeça e sentou-se numa pedra, à sombra de uma oliveira... Apenas Eleazar, filho d'Aroch, começou a falar da Mercaba, um fogo baixou do céu, envolvendo todas as árvores do campo, que pareciam cantar hinos, e do meio do fogo ouvia-se um Espírito exprimir sua alegria por escutar esses mistérios.

«O céu cobriu-se sùbitamente de espessas nuvens, um meteoro muito parecido com o arco-íris brilhou no horizonte, e viram-se os Espíritos chegando para ouvi-los (os que recitavam um capítulo

---

(18) Ou "História do Carro" tratado de teologia cabalística. Ver os trabalhos de M. Franck, do Instituto.

da Mercaba), como curiosos que se apertam à passagem de um noivado.» (19)

«Os Espíritos, as almas dos justos, diz o Zohar, obra cabalística, povoam os espaços infinitos.»

As descobertas modernas trouxeram-nos conhecimentos muito preciosos sobre a antiga civilização egípcia e sobre a doutrina esotérica dos sacerdotes de Ísis. Mas, como estes últimos procedem evidentemente da Índia, podemos afirmar, sem temor de cometer um erro grave, que os mistérios de Ísis deviam divergir pouco, dos mistérios dos templos em que Brama era adorado, muitos milhares de anos antes que os vales do Nilo e as planícies de Mênfis houvessem sido submetidas às primeiras dinastias dos Faraós.

Aplicar-nos-emos, pois, principalmente, em procurar na Índia a origem das práticas espiritualistas. Este estudo fará o objeto do capítulo que se segue; mas, antes de terminar, lembraremos incidentemente que o uso de fazer girar diversos objetos: as mesas, os vasos, e, principalmente, as joeiras, era conhecido dos gregos. Alguns escritores satíricos, como Teócrito, Luciano, etc., zombaram dessas práticas supersticiosas.

---

(19) Thal. Bab. Trail, Chaginga, fol. 14.º Jacolliot, op. cit.

CAPÍTULO V

UMA PALAVRA SOBRE A ÍNDIA

"Os tempos estão próximos."

§ I

Não hesitamos em afirmá-lo bem alto: não partilhamos as ideias da escola espírita, e repelimos como prematura e insuficientemente demonstrada a teoria da intervenção da **alma dos antepassados** nos fenômenos determinados por meio de certos indivíduos, a que chamaremos **médiuns**, conformando-nos com o hábito e em falta de melhor nome. Mas afirmamos ainda uma vez e provaremos que existe uma categoria inteira de fenômenos aparentemente contrários às leis conhecidas da Natureza, inexplicáveis presentemente: o que não quer dizer que devamos renunciar a procurar a explicação deles. Façamos observar ainda que a família Fox, «da Igreja Episcopal Metodista», provàvelmente nunca ouvira falar da religião de Brama — salvo de seu simbolismo trivial —, e que não obstante a Doutrina Espírita moderna, que pouco variou em suas crenças da primeira hora, acha-se quase completamente de acordo com a religião esotérica atual dos brâmanes. Ora, esta já era ensinada aos iniciados dos graus inferiores nos templos do Himalaia, há talvez mais de cem mil anos! A semelhança é pelo menos curiosa, e pode-se dizer, sem cair em paradoxo, que o Espiritismo é o Bramanismo esotérico ao ar livre. Mas não se segue que desta comparação se deva tirar argumento pró ou contra as doutrinas do moderno Espiritualismo. Sem fornecer esse argumento, o fato não é menos interessante.

A Índia dar-nos-á sem dúvida a chave dos mistérios que nos enchem de inquietação; dir-nos-á um dia quais são os frutos desta árvore, da qual um rebento inesperado surgiu no solo americano para lançar seus germens por todos os ventos das terras civilizadas, como um desafio à Ciência que faz o orgulho dos homens modernos. Esta árvore será a da ciência do bem ou do mal? da vida ou da morte?

Quem o sabe? Daqui a pouco tempo, o escol de tudo quanto se ocupa de ciência buscará talvez nas experiências psíquicas os derradeiros mistérios da Fisiologia transcendente. Naturalmente, não serão os velhos que servirão de instrumento a esse movimento, mas os novos de amanhã, os do futuro, aqueles cujas arteríolas cerebrais não estiverem ainda incrustadas pelo ateroma dos conhecimentos adquiridos e pelas teorias filosóficas oficiais. Nós, os moços de hoje, estamos sem dúvida velhos demais. E nem excetuamos os da escola positivista, cujo chefe era a negação do Positivismo quando tratava de absurdos e repelia como impossíveis fatos que ele não tinha examinado. Estamos sem dúvida velhos demais, repetimo-lo ainda, porque recebemos uma deplorável educação. Estamos impregnados de ideias medievais; estamos saturados de história baseada sobre o exoterismo bíblico, e que só tem de história o nome. Mas paciência! brevemente, saberemos bastante da verdade para reconhecermos o erro, e quando a evidência nos cegar com a intensidade de suas luzes, seremos obrigados a render-nos discricionàriamente. Então, jogaremos de parte as velharias, as doutrinas caducas, para bebermos sequiosamente na fonte da Verdade!

Feliz mocidade! feliz infância! mais felizes os

que ainda não nasceram: eles saberão! Suas inteligências não serão obscurecidas pelos erros que se infiltraram em nossas veias, ao mesmo tempo que os sucos do leite materno. Podemos pois dizê-lo com toda a segurança, porque sabemos que os fatos não nos desmentirão: Os tempos estão próximos.

Brevemente, a luz brilhará como um globo em fusão, projetando em toda a parte os seus raios deslumbrantes, em feixes incandescentes. E não é do Norte que ela nos há-de vir, mas sim do Oriente, berço do gênero humano e guarda natural de seus conhecimentos. Foi ali que as diferentes raças, que alternativamente predominaram sobre a esfera terrestre, tornaram a encontrar, após muitos mil anos de recomeço e de barbárie, a história da Humanidade, o fio cem vezes interrompido da Ciência imortal.

Que sábios somos nós! Andamos muito orgulhosos das nossas descobertas dos últimos séculos. E de fato, estamos justificados por este orgulho, mas em muitos casos só fizemos descobrir pela segunda vez! Sejamos mais modestos e façamos justiça aos nossos avós.

Em vossos futuros livros, senhores autores clássicos, ao tratarem da história do mundo, por favor não o façais recomeçar há seis mil anos. Os vossos jovens leitores sorririam de compaixão ao lerem as vossas obras! Porque gritar-lhes-emos bem alto o que a Índia nos ensina todos os dias; a saber: que sem dúvida nunca chegaremos a conhecer a época em que o homem começou a viver em sociedade sobre a Terra, tão longe se perde esta época na noite dos tempos.

Demais, acaso já não sabemos que os vestígios do homem e de sua indústria se encontram no que se chama provisòriamente as camadas geológicas do período ou antes dos períodos glaciais? Mesmo muito recentemente, não foram estes vestígios encontrados, até em depósitos de uma das camadas do período terciário? E não indica isso que os indivíduos, cujos vestígios encontramos assim, viveram em tempos tão remotos que a imaginação mal pode figurá-los e fica assombrada?

Mas para que escavar tão profundamente o seio de nossa mãe comum? Para arrancar os segredos daqueles de seus filhos que ela ali conserva adormecidos há muitos milhares de séculos, ninando, com um balanço imenso, seu sono eterno no espaço infinito! Este balanço gigantesco, (20) que gasta vinte e cinco mil anos para completar-se, acaso não intervém nos cataclismos periódicos de que nos falam os livros indus? Será verdade que, durante estes vinte e cinco mil anos, o Sol alumie alternativamente os continentes e o oceano sobre o mesmo hemisfério? Será verdade que dentro de alguns séculos as águas, arrastando massas enormes de gelo, trazidas dos mares austrais, varrerão as nossas obras penosamente erguidas e cobrir-nos-ão durante muitas centenas de séculos? Que pensarão a respeito dos nossos crânios fósseis os geólogos e antropologistas sábios das academias do século trezentos e vinte de nossa era, se escavarem a turfeira sob a qual será sepultada o que tiver sido a Europa atual, quando as águas houverem abandonado de novo o nosso hemisfério boreal? Oh! questões que fazem enlouquecer!

Voltemos pois à Índia; é por seu intermédio que poderemos ver claro sobre a estrada onde está penando a nossa raça. Estamos longe de saber tudo; os sacerdotes de Brama guardam severamente seus tesouros científicos. Seus templos regorgitam de riquezas inestimáveis, mais incomparáveis, parece, a outras que estão cuidadosamente ocultas em certos santuários subterrâneos da Ásia, situados fora do alcance periódico dos flagelos diluvia-

(20) Movimento da precessão dos equinócios que se opera em 25.000 anos mais ou menos, à razão de 50 segundos de grau e um décimo por ano.

nos, nas raras altitudes em que não se encontram mais as conchas calcificadas, indícios de submersão anterior.

Em toda parte estão sendo traduzidos e estudados os livros sânscritos que o acaso ou as investigações pacientes põem à nossa disposição; os nossos vizinhos do outro lado da Mancha instituíram, para este fim, escolas especiais. Uma Sociedade que se incumbiu de espalhar pelo mundo inteiro as doutrinas altamente altruísticas de Buda e as literaturas da Índia, formou-se há poucos anos e já se contam por centenas as suas ramificações e publicações. Esta Sociedade, que tomou o título de Sociedade Teosófica, possui grande número de filiados divididos em lojas repartidas desigualmente pela Índia, Europa, América e Austrália. Existe uma loja em Paris. A sede principal da Sociedade Teosófica é na Índia, em Adiar, onde ela possui um estabelecimento importante, com uma biblioteca muito rica, salas de reunião, etc. Os teosofistas, como se intitulam os membros dessa Sociedade, dizem receber as suas instruções de uma confraria ou «fraternidade» de homens extraordinários, espécie de taumaturgos que vivem nas solidões do Tibet. De modo contrário aos propagandistas de religião, eles não se dirigem às multidões, mas aos homens mais distintos das nações. Demais, não admitem nenhum dogma; procuram, dizem eles, e ensinam a verdade que, segundo sua divisa, «está acima de todas as religiões».

Não queremos avançar coisa alguma que não possamos provar. Falando da antiguidade da India, resta-nos fornecer as provas que a estabelecem. Para dar ideia da antiguidade da ciência indu, recordemos primeiro a opinião de um autor clerical que não brilha entretanto pelo seu amor ao povo indu. Este autor não deixou de adaptar os cálculos astronômicos às exigências da Gênesis bíblica, segundo o método predileto de seu êmulo Loriquet:

«Os indus, diz o padre Guerin, (21) aplicavam a Álgebra à Geometria; discutiam em suas escolas a questão do movimento da Terra, proveniente da rotação diurna sobre seu eixo no meio do espaço; discorriam a respeito da queda dos corpos pesados, e comparavam a Terra a um ímã; calculavam os senos, os co-senos e organizavam tábuas deles; faziam, como coisa ordinária e simples, a soma do quadrado de cada um dos lados de um ângulo reto em um triângulo igual ao quadrado da hipotenusa!»

Diodoro da Sicília, o historiador grego do século de Augusto, citado por Amiano Marcelino, (22) afirma que os caldeus aprenderam a Astronomia com os sábios da Índia. E, segundo Eusébio, (23) os etíopes, de quem os egípcios aprenderam o que sabiam não eram porventura uma colônia de indus? Mas, sobre este ponto ainda, é possível que a ciência moderna, iluminada pela Índia, venha a modificar os escritos dos historiadores gregos.

Encontram-se a esse respeito todos os desenvolvimentos desejáveis no excelente livrinho do engenheiro Tremeschini, (24) a quem tomámos uma parte do que, nesta obra, se refere à astronomia indu.

Um dos mais antigos livros da literatura indu contém provas inegáveis dos antigos conhecimentos da Índia sobre a Astronomia; provam-no as passagens seguintes dos escritos famosos do legislador Monu, Monou ou Manou:

«Os Pitris (deuses, manes, antepassados do gênero humano) moram na Lua. Como a Lua só faz um giro sobre si mesma (relativamente ao Sol) em um mês, os Pitris, colocados em seu equador, só têm um dia e uma noite, enquanto que nós conta-

---

(21) **Astronomie indienne**, segundo a doutrina e os livros antigos e os bramas, por M. l'Abbé.

(22) L. XXIII.

(23) Cron. n. CCCCII.

(24) Tremeschini. — **La Cosmographie vulgarisée**, pelo método plástico do engenheiro Tremeschini.

mos no equador trinta dias e trinta noites, por causa das trinta revoluções da Terra diante do Sol, que faz o dia e a noite para os homens e os Pitris.» (Manou, cr. I, verso 65, 66.)

«Mas os Debtas, que estão assentados no pólo norte da Terra, contam ainda menos dias e noites do que nós e os Pitris, durante o mesmo tempo, porque eles só têm um dia e uma noite durante os doze dias e doze noites dos Pitris do equador da Lua, e os trezentos e sessenta dias e trezentas e sessenta noites dos habitantes de Lanka (Ceilão) sob o equador terrestre.» (Manou, cr. I, verso 67.) (25)

Damos em seguida uma tabela indicando a diferença que existe entre a posição ocupada por algumas estrelas tomadas ao acaso no catálogo de Souryo-Shiddhanto e a posição que estas mesmas estrelas ocupam hoje.

O catálogo de Souryo-Siddhanto é uma coleção análoga ao anuário de conhecimento dos tempos dos observatórios modernos, no qual o astrônomo indu registava as suas observações celestes e anotava a posição das estrelas fixas.

Chamamos com insistência a atenção do leitor para este documento verdadeiramente magnífico da história da Humanidade. Ver-se-á que, sem contar a diferença devida à precessão, esta tabela acusa fortes desvios **em todos os sentidos**, entre a posição das estrelas notadas pelo astrônomo indu e a que elas ocupam hoje. Estes desvios são devidos necessàriamente ao movimento próprio das estrelas.

O cálculo **imparcial**, feito segundo os documentos indus e baseado sobre as diferenças de posição das estrelas fixas, prova que as observações de Souryo-Siddhanto remontam a **cinquenta e oito mil anos!**

E, em seus escritos, Souryo-Siddhanto fala dos

(25) Nota comunicada ao autor pelo Sr. Tremeschini.

TABELA

indicando a diferença que existe entre a posição ocupada por oito estrelas fixas, tomadas ao acaso no catálogo de **Souryo-Siddhanto**, e a posição atual das mesmas.

NOME DA ESTRELA em sânscrito	NOME DA ESTRELA em português	DIFERENÇA de posição em ascensão reta	DIFERENÇA de posição em declinação
Oshlesha	Alfa do Câncer	— 23 2/4	— 2 1/4 S.
Poushya	Delta do Câncer	— 23	+ 2/3 N.
Moga	Alfa do Leão	— 22 4/5	+ 1 N.
Outtorofolgouni	Beta do Leão	— 20 1/4	+ 1/4 N.
Poûrbofolgouni	Delta do Leão	— 22 3/4	+ 3 3/4 N.
Tchittra	Alfa da Virgem	— 19 1/4	+ 1 1/5 S.
Hoshta	Psi da Virgem (26)	— 21 3/4	— 1 S.
Shati	Arctúrus	— 13 2/4	— 4 2/3 N.

NOTA — *Levando em conta estas diferenças, estes desvios consideráveis em todos os sentidos, o cálculo* imparcial *demonstra que as observações de Souryo-Siddhanto* remontam *a 58.000 anos!*

(26) Hoje, esta estrela não é mais visível a olho nu.

livros sagrados (Vedas) como de obras muito veneráveis por sua antiguidade!

E' interessante notar ainda, segundo os livros de Souryo-Siddhanto, que este astrônomo se servia, nas suas observações, de um equatorial perfeitamente instalado, cujo tubo, munido de pínulas, era movido por uma clepsidra em que a água era substituída pelo mercúrio. (27)

Até presentemente, se foi admitida a grande antiguidade da civilização indu, era considerada, em boas bases, como fabulosa a divisão atribuída pelos indus à duração do mundo.

Recordemos a esse propósito qual é a divisão segundo os tradutores que tomam os documentos indus ao pé da letra.

Os indus dividem a duração do mundo em quatro períodos, idades, **yougos** ou **yougas**:

1º — O **Krita-Youga**, que durou 1.728.000 anos. Durante este período, o homem vivia 100.000 anos e sua estatura era de 21 côvados.

2º — O **Treta-Youga**, cuja duração foi de ... 1.296.000 anos. Durante este período, os homens viviam 10.000 anos.

3º — **Divapara-Youga**, sua duração foi de ... 864.000 anos. A vida humana nesta época não excedeu de 1.000 anos.

4º — O **Kali-Youga**, é a idade atual, que não deve subsistir mais de 432.000 anos, e a vida humana está aí reduzida a 100 anos. Segundo os documentos astronômicos, este período teria começado em uma sexta-feira, 28 de Fevereiro, 3.101 anos (Prinsep) antes de nossa era.

Mas, depois dos trabalhos de William Jones, que fêz principalmente conhecer os Vedas, de Wilkins, Forster, Wilson, Prinsep e outros sábios in-

---

(27) Este documento, assim como a tabela, foram-nos comunicados pelo Sr. Tremeschini. — Nenhum documento indica que esses tubos fôssem munidos de vidros de aumento.

gleses que nos iniciaram nos estudos sânscritos, de Hipólito Fauche, que traduziu o Ramayana, os estudos da literatura sânscrita progrediram e saberemos, talvez brevemente, a realidade que se oculta atrás desse amontoado fabuloso de séculos, realidade que só uma chave especial pode fazer conhecer as verdadeiras proporções.

E' tempo que dados mais precisos nos fixem com exatidão sobre os escritos bramânicos cujo verdadeiro sentido até agora tem escapado aos **mlecchas** (pagãos, infiéis, estrangeiros impuros), como se pode verificar lendo-se a obra do General Biornstierna, (28) cujo seguinte extrato resume mais ou menos o sentimento geral dos autores que trataram da Índia antiga:

«Na cronologia indu, há quatro períodos de desenvolvimento do mundo; entre cada um destes quatro períodos, houve um dilúvio universal que contribuiu para a forma ulterior do mundo. Esta asseveração não parece inteiramente confirmada pelas descobertas recentes dos geólogos? De onde podia provir este estranho conhecimento? Atribuí-lo a uma revelação em um povo idólatra seria contrário às nossas ideias religiosas; (29) imputá-lo a uma tradição popular ainda é menos possível, pois que a origem da espécie humana, ao menos segundo os princípios da Geologia, não pertence aos primeiros períodos de existência da Terra, mas sòmente ao último. Que outro partido adotar, a não admitir-se que os indus, nesses tempos remotos, se já não possuíam a ciência dos Cuvier, dos Werner, dos Buckland, dos Berzelius, dela já tinham o pressentimento filosófico, pressentimento cuja sabedoria foi provada pelas assombrosas descobertas dos grandes naturalistas modernos?»

---

(28) "Quadro político e estatístico do Império Britânico na Índia", pelo general Biornsterna.

(29) O' nefasta influência do exoterismo bíblico! Não será o caso de dizer com o apóstolo: "A letra mata"?

E' boa! fácil será atribuir pressentimento ou intuição das coisas a quem se quer recusar, a todo o transe, haver possuído, em tempo dado, o conhecimento dessas coisas. Mas, nós ficaremos menos admirados do que o bravo General Biorsterna, e ele não pensará mais em gabar tanto as qualidades intuitivas dos povos «idólatras» que não tiveram como nós a revelação das coisas espantosas que sabemos, quando a Sociedade Átmica tiver publicado os comentários de «Somodævo» de Gótomo, cujo prefácio (30) ela já fêz conhecer.

O «Somodævo» escrito por Gótomo, há cerca de 30.000 anos, encerra ensinamentos precisos, irrefutáveis, asseguram-nos, sobre a periodicidade dos cataclismos diluvianos aos quais se acha a Terra sujeita desde tempos imemoriais. Deste documento resulta que os dilúvios não correspondem absolutamente aos períodos acima assinalados (**yougas**) e aos quais o General Biornsterna alude, mas a outras fases cronológicas coincidindo com fenômenos bem caracterizados, todos de ordem física, astronômica e metereológica, sobre os quais Gótomo dá as mais exatas explicações.

Desejamos ardentemente que a Sociedade Átmica nos faça prontamente conhecer esse importante trabalho escrito, como já foi dito, há 300 séculos mais ou menos.

§ II

Quiséramos parar aqui nesse digressão histórica; mas, procurando demonstrar a antiguidade do Espiritismo na Terra, só podemos fazê-lo demonstrando paralelamente a antiguidade das sociedades humanas e a de suas religiões. Solicitamos

---

(30) "Preface des commentaires sur le Somodœvo", de Gotomo.

Infelizmente deve-se recear que a publicação do prefácio não seja seguida pela publicação da obra: há muitos anos se espera em vão o trabalho anunciado.

por alguns instantes ainda a atenção do leitor para a antiguidade da civilização indu. Os documentos astronômicos são para nós provas literalmente matemáticas, mas um suplemento de prova em nada prejudica. Os estudos filológicos nos demonstram que a civilização indu é muito anterior à dos gregos e que ela deixou traços em todos os povos da antiguidade. Certos nomes da mitologia grega são sânscrito quase puro; os exemplos seguintes, extraídos de um autor muito conhecido, que permaneceu mais de vinte anos nas Índias, dizem mais a esse respeito do que os melhores discursos:

HÉRCULES — Em sânscrito: *Hara-kala*, herói dos combates. Epíteto comumente dado a Siva, deus dos combates na poesia indu.

TESEU — Em sânscrito: *Tha-saha*, o associado companheiro de Siva entre os indus.

EACO — Juiz dos infernos na mitologia grega. Em sânscrito: *Aha-ka*, juiz severo, adjetivo qualificativo que acompanha ordinàriamente o nome de *Yama*, juiz dos infernos entre os indus. (31)

ARIANE — A desgraçada princesa abandonada por Teseu e que havia cometido a culpa de ceder a um inimigo de sua família. Em sânscrito: *Ari-ana*, seduzida por um inimigo.

RADAMANTO — Outro juiz dos infernos na mitologia. Em sânscrito: *Rhada-manta*, que castiga o crime.

ANDRÔMEDA — Sacrificada a Netuno e socorrida por Perseu. Em sânscrito: *Andha-ra-medha*, sacrifício à paixão do deus das águas.

PERSEU — Em sânscrito: *Para-saha*, socorro chegado a propósito.

ORESTES — Célebre por seus furores. Em sânscrito: *O-rahsata*, votado à desgraça.

PÍLADES — O amigo de Orestes. Em sânscrito: *Pulada*, que consola com sua amizade.

EFIGÊNIA — A virgem sacrifícada. Em sânscrito: *Apha-gana*, que acaba sem posteridade.

CENTAURO — Personagem da fábula, metade ho-

(31) **L. Jacolliot — Loc. cit.**

mem, metade cavalo. Em sânscrito: *Ken-tura*, homem--cavalo.

As divindades do Olimpo têm a mesma origem:

JÚPITER — Em sânscrito: *Zupitri*, pai do céu, ou *Zeuspitri*, de que os gregos formaram a palavra *Zeus* e o hebreu *Jeovah*. (32)

PALAS — A deusa sábia. Em sânscrito: *Pala-sa*, sabedoria que protege.

ATENAIA — Deusa da castidade entre os gregos. Em sânscrito: *A-tanaia*, sem filhos.

MINERVA — Que é a mesma deusa entre os romanos, mas revestindo também os atributos da coragem. Em sânscrito: *Ma-nara-va*, que sustenta os fortes.

BELONA — Deusa da guerra. Em sânscrito: *Balana*, força guerreira.

NETUNO — Em sânscrito: *Na-pata-na*, que domina o furor das ondas.

POSSÉIDON — Outro nome grego de Netuno. Em sânscrito: *Pasa-uda*, que acalma as águas.

MARTE — Deus da guerra. Em sânscrito: *Mri*, que dá a morte.

PLUTÃO — Deus dos infernos. Em sânscrito: *Plushta*, que fere com o fogo.

Alguns exemplos, agora, tomados entre os povos; nada prova melhor as emigrações do que a etimologia dos nomes.

OS PEGALÁSSIOS — Em sânscrito: *Palaça-ga*, que combate sem compaixão.

OS LELEGOS — Em sânscrito: *Lala-ga*, que caminha espalhando o terror.

A significação destas palavras corresponde bem ao gosto dos povos novos e guerreiros que gostam de tomar nomes em relação com seus hábitos.

---

(32) A consoante **z** não existe no sâncristo; ela é substituída por ç ou por s. **Su** significa: senhor, procriador. (Nota do Autor.)

Os Helenos — Em sânscrito: *Hela-na*, guerreiros adoradores de Hela ou Lua. A Grécia chama-se também Hélade.

Os Esparciatas — Em sânscrito: *Spardha-ta*, os rivais.

Há palavras sânscritas que, passando pela Grécia, tornaram-se nomes de homens célebres.

Pitágoras — Em sânscrito: *Pitha-guru*, o mestre de escola.

Anaxágoras — Em sânscrito: *Ananga-guru*, o mestre do espírito.

Protágoras — Em sânscrito: *Prata-guru*, o mestre distinto em todas as ciências.

Se da Grécia passamos à Itália, à Gália, à Germânia e à Escandinávia, encontramos as mesmas aproximações, as mesmas origens sânscritas.

Os Italianos — Nome que vem de Italus, filho do herói troiano. Em sânscrito: *Itala*, homens de baixa casta.

Os Bretii — Em sânscrito: *Bharata*, povo da casta dos artífices.

Os Tirrêneos — Em sânscrito: *Tyra-na*, guerreiros rápidos.

Os Sabinos — Em sânscrito: *Sabha-na*, casta de guerreiros.

Os Samnitas — Em sânscrito: *Samna-ta*, os banidos.

Os Celtas — Em sânscrito: *Kalla-ta*, os chefes invasores.

Os Gauleses — Em sânscrito: *Ga-lata*, povo que caminha conquistando.

Os Belgas — Em sânscrito: *Bala-ja*, filhos dos fortes.

Os Sequanos — Em sânscrito: *Saka-na*, os guerreiros por excelência.

Os Sicambros — Em sânscrito: *Su-kam-bri*, os bons chefes da terra.

Os Escandinavos — Em sânscrito: *Skanda-nava*, adoradores de Skanda, deus dos combates.

Odin — O chefe das tribos emigrantes pelas planuras do norte. Em sânscrito: *Yodin*, o chefe dos guerreiros.

OS SUECOS — Em sânscrito: *Su-yodha*, os bons combatentes.

A NORUEGA — Em sânscrito: *Nara-vaja*, país dos homens do mar.

O BÁLTICO — Em sânscrito: *Bala-ta-ka*, a água dos poderosos conquistadores.

OS ALAMANI *(Alemães)* — Em sânscrito: *Alamanu*, os homens livres.

OS VALACHIOS — Em sânscrito: *Va-la-ka*, da classe dos servidores.

OS MOLDÁVIOS — Em sânscrito: *Mal-dha-va*, homens da última casta.

A IRLANDA — A ilha a que os poetas chamam a verde Erim. Em sânscrito: *Erin*, rochedos rodeados de água salgada.

A TANE — Nome dos antigos chefes de clã escocês. Em sânscrito: *Tha-na*, chefe dos guerreiros.

Na Ásia, toda a dinastia dos Xerxes e dos Artaxerxes é de origem indu. Todos os nomes das praças fortes, das cidades, dos países, são sânscrito quase puro. Eis alguns exemplos:

MA — Divindade lunar das tribos da Ásia e de todo o Extremo-Oriente. Em sânscrito: *Ma*, a Lua.

ARTAXERXES — Em sânscrito: *Artha-Xatrias*, o grande rei. Não era assim que os gregos o chamavam?

A MESOPOTÂMIA — País fértil em rios e em aguadas. Em sânscrito: *Madya-potama*, terra no meio de rios.

CASTABALA — Praça forte. Em sânscrito: *Kastha-bala*, a força impenetrável.

ZOROASTRO — Que levou para a Ásia o culto do Sol. Em sânscrito: *Surya-stara*, que espalha o culto do Sol, etc., etc.

§ III

Acrescentemos ainda que antigos poemas sânscritos parece terem inspirado o «divino Homero»; nota-se aí, com efeito, uma trama parecida, em mais de um ponto, com a da Ilíada. Pode suceder que nisso não haja senão coincidência, mas em todo o caso cremos que estamos em vésperas de ver cair ainda uma das nossas ilusões, porque um erudito conferencista francês imaginou provar que o sítio de Tróia ocorreu na Inglaterra, e que Ulisses, rei de Ítaca «em Andaluzia», foi a Havana, enquanto Menelau, esse tipo do marido infeliz, dirigia-se a Paris (ilha de Faros) para ali consultar, sobre suas infelicidades, o oráculo do lugar, que nada podia fazer. E, de fato, devemos confessar que os argumentos estabelecidos pelo Sr. Teófilo Cailleux, em apoio de sua tese, fazem-nos refletir; não podemos todavia admitir com ele que os druidas sejam os pais do brâmanes. (33)

§ IV

Ainda uma curta digressão: Já que falamos de ilusões a perder e de história a alterar, lancemos um olhar sobre o transformismo.

No momento em que se discute o valor da teoria de Lamarck retomada por Darwin e Russel Wallace, naquilo que diz respeito ao homem, eis que se apresenta um argumento inesperado, argumento vivo, na pessoa de uma raça inteira de homens-macacos que se acaba de descobrir nas florestas pantanosas do Laos. Estes homens ictiófagos e vegetarianos, são inteiramente cobertos de pêlos, possuem um rudimento de cauda, não têm cartilagem nasal, nem os músculos oponentes do polegar ou pelo menos os têm tanto como os macacos, e parecem possuir bolsas bucais onde guardam alimentos. Sua inteligência é muito pouco desenvolvida, podem contar até dez, mas não sabem dizer dois e dois quanto fazem, etc. Enfim,

(33) "Théorie nouvelle sur les origines humaines", por Theophile Cailleux.

pousam em árvores, e os verdadeiros homens da região os denominam homens-macacos. Um indivíduo pertencente a essa raça (raça de Krao) foi ùltimamente exibido em Londres e em Paris. O Laos não é muito afastado da Índia; acaso seriam os Kraos o vestígio de uma grande raça que houvesse habitado a Ásia antes do homem pròpriamente dito? Serão eles um resto dos povos súditos dos «dois reis dos **Macacos**» que a seu pedido auxiliaram Rama (34) a combater Ravanas, chefe dos gigantes?

Seja como for, parece representarem um anel da cadeia que liga o homem à animalidade; e a existência de toda uma raça, constituindo um pequeno povo confinando ao homem e ao macaco (porém ainda mais ao homem do que ao macaco) traz um reforço considerável à teoria evolucionista dos transformistas, quer estes pertençam à escola monogenista de Lamarck ou à teoria poligenista de Darwin.

§ V

Mas voltemos à Índia e vejamos, tão ràpidamente quanto possível, quais eram os primeiros fundamentos da antiga religião de nossos pais, os Árias.

A doutrina fundamental dos bramas ou brâmanes, isto é, dos homens esclarecidos, instruídos, da Índia, repousava inteira nos dois artigos de fé seguinte:

1º — Existência de um Deus único.
2º — Existência da alma.

---

(34) **Hippolyte Fauche.** — "Le Râmâyana", t. I, página 16-17. Esses dois reis dos macacos chamavam-se Hanuman e Sugriva. Rama era uma encarnação da segunda pessoa da Trindade indu, de Vischnu, filho de Brama.

Como faz notar o Sr. Luís Leblois, em sua obra sobre as Bíblias, (35) a religião dos brâmanes é «a única de todas as religiões existentes que não encerra o nome nem marca do caráter ou dos pensamentos de uma personagem ilustre, seu fundador ou seu reformador». Os brâmanes invocam esta circunstância como prova da superioridade de sua religião sobre todas as outras. (36)

O Budismo foi uma reforma do Bramanismo, cuja organização social em castas ele suprimiu; tornou a qualidade de brâmane, que era hereditária no Bramanismo, acessível a todo homem virtuoso.

O seguinte fragmento de diálogo entre um budista e um brâmane contém em germens a matéria de muitas revoluções; a linguagem do budista não difere da que o Cristo usou seiscentos anos mais ou menos depois. (37)

«As diferenças de raças, diz ele, estão assinaladas nos seres por uma diferença de organização. Assim, a pata do cavalo não se parece com a do elefante. Mas não me consta que o pé de um **kchattrya** (38) difira do de um **brâmane** (sacerdote) ou do de um **sudra** (escravo). Todos os homens, nascendo da mulher do mesmo modo, todos estando sujeitos às mesmas necessidades físicas, todos tendo os mesmos órgãos, os mesmos sentidos, todos são iguais. A diferença existente entre eles é a das virtudes que possuem. O sudra que emprega a vida inteira em boas ações, é um brâmane. O brâmane, cuja conduta é má, é um sudra, e pior que um sudra.»

---

(35) "Les Bibles et les initiateurs religieux de l'humanité". Obra muito preciosa pela soma de trabalho e de documentos interessantes que encerra; tornaremos a falar dela.

(36) **Max Muller** — "Einleitung in die vergleichende Religionswissenchaft". Strasbourg, 1876. (Introdução ao estudo comparado das religiões.

(37) **F. Laurent** — "L'Orient", pág. 182-183.

(38) **Kchattrya,** homem da casta dos guerreiros.

O Budismo reabilitou a mulher tida como impura pelo Bramanismo; nivelou a sociedade e o Buda Çakiamuni (39) foi o grande reformador da Índia. (Dizem que foi o Lutero da Índia; seria mais justo dizer que Lutero foi um pequeno Buda. (40) O número de seus crentes é mais elevado que o de qualquer das religiões da Terra. O Budismo está espalhado em uma parte da Índia (norte e ilha de Ceilão), no Tibet, na Birmânia, na China, no Japão, etc., etc. Reinaria hoje em todo o Oriente e teria, na Índia, suplantado completamente o Bramanismo, cuja doutrina primitiva ele pretende ser, doutrina alterada depois em proveito da ambição dos brâmanes, mas uma reação sangrenta, provocada por estes, lá pelo VI século de nossa era, expeliu o Budismo do centro da península gangética.

Nas duas religiões, se a parte social difere, o fundo doutrinal é mais ou menos o mesmo. Em ambas se encontra um só Deus em três pessoas e a imortalidade da alma, bem como uma organização que recorda a do Catolicismo, a tal ponto que os primeiros missionários cristãos que viram o Budismo praticado no Tibet, acreditaram que era um arremedo do Catolicismo, inventado pelo diabo! Os maometanos haviam igualmente notado essa analogia. E de fato, encontram-se nas duas religiões da Índia, como no Catolicismo: uma hierarquia sacerdotal; os jejuns, as procissões, as peregrinações, o batismo, a prática da confissão, do rosário e, mais particularmente no Budismo, as práticas precedentes e as relíquias, a água benta, os exorcismos, os conventos de homens e os de mulheres, o celibato eclesiástico, os concílios codificando a doutrina, **grandes lamas**, espécies de bispos que usam vestuário **violeta** semelhante a uma **capa de cônego**, e, além disso, a **mitra** e o **báculo**.

(39) Sobrenome de Buda, que quer dizer: solitário da família real dos Cakias.

(40) Com a tolerância de menos.

À testa da hierarquia sacerdotal budista encontra-se um **papa infalível** e imortal. Enfim, o fundador da religião é venerado como um ser divino. (41)

O Budismo não pode ter copiado o Catolicismo, porque é anterior a ele; mas o Catolicismo não terá porventura copiado do Budismo? A questão já foi proposta, e certos autores pretenderam (42) que os apóstolos e o próprio Jesus tinham conhecimento dos livros da Índia, se é que não tinham visitado esse país. Pensou-se também que Jesus podia haver sido iniciado no Egito, onde as doutrinas da Índia eram honradas pelo menos nos templos. (43)

Uma das analogias mais notáveis do Catolicismo, não com o Budismo, mas com o Bramanismo, encontra-se em uma das encarnações de Vischnu (filho de Deus) sob a forma de Krichna.

Krichna, que alguns autores escreviam Christna ou Kristna, foi concebido «sem pecado»; seu nascimento foi anunciado por profecias numerosas e muito antigas. Sua mãe, Devanaguy, o concebeu por obra de um **Espírito**, que lhe apareceu sob os traços de Vischnu, segunda pessoa da Trindade indu. Segundo a tradição indu e o «Bhagaveda-Gita», anunciando uma profecia que ele destronaria seu tio, o tirano de Madura, este último mandou encarcerar sua sobrinha Devanaguy, que foi libertada por Vischnu; então o tirano **mandou assassinar em todos os seus Estados as crianças do sexo masculino nascidas na mesma noite em que Krichna viu a luz.** Mas o menino foi salvo por milagre, e, 3500 anos mais ou menos antes de nossa era,

---

(41) Ver a obra do missionário Huc. — "Souvenirs d'un voyage dans la Tartarie et le Thibet".

(42) **L. Jacolliot** — Loc. cit.

43) E' preferível admitir, com o Sr. Renan, que a doutrina do cristianismo foi fabricada por judeus helenizantes de Alexandria, com os livros budistas que se achavam na famosa biblioteca dessa cidade, e que o fogo fêz desaparecer em ocasião propícia, para esconder os empréstimos.

ele pregara a sua doutrina. Depois de converter os homens, morreu de morte violenta às margens do Ganges, segundo as ordens de Brama (Deus, o Pai), para realizar a **redenção** dos homens, como lhes fora prometido.

Os autores que, como Fausto, negavam a existência de Jesus-Cristo, teriam conhecimentos dos livros da Índia onde a vida de Krichna é narrada? Ignoramo-lo, mas como são extraordinárias todas essas coincidências! (44)

Parece difícil admitir-se que os padres e doutores da Igreja Católica tenham estado em dia com a ciência dos brâmanes e que lhes hajam tomado emprestado os seus sacramentos, a menos, todavia, que a parte verdadeiramente científica tenha sido completamente abandonada por homens que tinham a peito principalmente a fundação de uma religião, destinada em seu espírito a ser apenas continuadora da religião hebraica.

Seja como for, os padres da Igreja ignoravam totalmente a cosmografia tão sábia dos brâmanes indus; por prova basta lembrar as perseguições de que foram vítimas Copérnico, Galileu, Cecco d'Ascoli queimado vivo, etc., e que não teriam sucedido certamente, se a Igreja tivesse sido melhor instruída.

Um monge irlandês, que ensinava na Baviera, foi excomungado pelo papa Zacarias por haver sustentado que há antípodas. E' a ele que Pascal (45) faz alusão em suas «Cartas Provinciais»:

«Não imagineis, diz ele, que as cartas do papa Zacarias, excomungando S. Virgílio por afirmar a existência dos antípodas, hajam aniquilado esse novo mundo, e que embora ele declarasse que tal opinião era um erro muito perigoso, o rei de Espanha não tivesse de boa vontade acreditado antes

---

(44) Veja-se Dupuis — "Origine de tous les cultes", ou "Religion Universelle", Paris, 1835.

(45) **Blaise Pascal** — "Lettres provinciales". L. XVIII.

em Cristóvão Colombo, que vinha de lá, do que na opinião do papa, que nunca lá tinha ido.»

Apostamos que Pascal não teria votado pelo dogma da infalibilidade se tivesse feito parte do famoso concílio geral de 1870, ao servilismo do qual o papa de Roma deveu não ser excedido pelo papa de Brama, o grande Sankaracharya da Índia, como pelo papa de Buda, o Grã-Lama do Tibet, ambos infalíveis. (46)

Esas decisão do concílio do Vaticano foi para a Igreja Católica um golpe mais forte do que os que lhe tinham sido vibrados pelos seus adversários.

A questão da esfericidade da Terra e dos antípodas ocasionou numerosos erros da parte de escritores eclesiásticos que não podiam imaginar que Deus «desse a si mesmo o espetáculo ridículo de criar países onde os homens deviam caminhar de cabeça para baixo e pés para cima e onde a chuva subiria em vez de descer». Tal era a opiniío de Lactâncio, (47) apoiado mais tarde pelo ilustre bispo de Hipona. (48) Procópio de Gaza achou um argumento ao qual não falta originalidade para combater a existência dos antípodas: «Se houvesse antípodas, diz ele, Jesus-Cristo teria ido lá certamente.» (49) Este argumento diz mais do que parece e (perdoem-nos a expressão) parte de uma boa índole. Com efeito, o bom Procópio devia ter feito o seguinte raciocínio: Orígenes disse-o (50) e o IV Concílio de Latrão confirmou-o: (51) «Fora

---

(46) E' sabido que Sumangala, papa de Igreja do Sul, tem pretensões mais humanas.

(47) **Lactâncio** — Institut. div. (Lactâncio morreu cerca do ano 325; cognominaram-no o Cícero cristão.

(48) Santo Agostinho (354-430) — Cité de Dieu.

(49) **Les Bibles** — L. Leblois, op. cit.

(50) Homília sobre Josué. Tertuliano já o havia dito, e, depois, Sto. Agostinho.

(51) **Fleury** — "Histoire Ecclesiastique", liv. LXXVII, cap. XLV.

da Igreja não há salvação»; logo, só serão salvos os que obedecerem à palavra de Deus, revelada por Jesus-Cristo. Para obedecer a esta palavra é preciso tê-la ouvido. No mundo que Procópio conhecia, a palavra podia ter sido ouvida, mas, se havia antípodas, uma grande massa de homens deixaria de ter ouvido falar de Jesus e de sua Igreja; estariam perdidos por não terem conhecido uma lei que não podiam conhecer, o que seria uma suprema injustiça. Tal é o raciocínio que deve ter sido o de Procópio de Gaza que vivia no VI século de nossa era. E depois, o apóstolo Paulo (52) não tinha dito que os enviados do Cristo levaram sua palavra até aos extremos do mundo? Se os apóstolos houvessem ido a outro hemisfério, eles teriam falado dele, etc., etc... Tão-pouco podia-se admitir a esfericidade da Terra porque se lê no primeiro Evangelho (segundo S. Mateus): «O filho do homem enviará seus anjos, que farão ouvir a voz estridente de suas trombetas e ajuntarão (no dia do juízo final) os seus eleitos dos **quatro cantos da Terra**.»

O Apocalipse também se refere aos quatro cantos da Terra. Como admitir que a Terra seja redonda ou esférica se as Escrituras impõem-lhe quatro cantos?

Eis como raciocinavam, sobre coisas naturais e «verificáveis», os homens que fizeram a lei no domínio das coisas sobrenaturais que ninguém pode ir verificar.

A quem caberá encontrar de novo o esoterismo primitivo que foi perdido pelos primeiros bispos da Igreja Católica, escolhidos pelos sufrágios dos fiéis?

Os viajantes e os historiadores imparciais que estudaram sèriamente o Budismo e seus resultados não receiam dizer que ele produziu, de um modo

---

(52) S. Paulo — **Romanos**, 10 18.

geral, homens melhores do que o Catolicismo. Se a moral das duas religiões é equivalente, o Budismo possui uma grande superioridade no sentido de haver herdado do Bramanismo um largo espírito de tolerância, e porque elevou essa virtude à altura de um dogma fundamental (veja-se o erudito trabalho de L. Leblois, liv. 2º, vol. II, pág. 158 e seguintes).

Estudando os escritos dos filósofos, dos moralistas e dos sábios da Índia, o espírito enche-se de admiração, e não podemos defender-nos de um grande sentimento de emoção lendo as traduções do «Righ-Veda», do «Çacumtala», dos «Puranas» e alguns extratos de Gótomo, etc., etc. Diremos o mesmo das lendas búdicas, algumas das quais são verdadeiramente deliciosas. Em presença dessas belezas, compreendemos o grande poeta alemão Goethe, falando nos termos seguintes do «Çacumtala», cuja leitura o arrebatou:

"Se quiserdes as flores da Primavera e simultâneamente os frutos do Outono;

Se quiserdes o que encanta e arrebata, se quiserdes o que nutre e sacia;

Se quiserdes reunir em um só nome o Céu e a Terra, eu vos darei o nome de *Çacumtala,* e terei dito tudo!" (53)

§ VI

Não podemos resistir ao desejo de extrair da obra do Sr. Leblois uma dessas lendas búdicas, traduzidas por Burnouf, (54) o grande e consciencioso sábio que teve a coragem de aprender sete línguas orientais (o sânscrito, o tibeteano, etc.) a fim de preparar-se para estudar o Budismo e fa-

(53) "Gœthe's poetische und prosaische" — Werke, in-2 Bänden, Stuttgart e Turbingen, 1836, t. I, pág. 205.

(54) Burnouf — "Introduction à l'histoire du bouddhisme indien".

zer-lhe a história comparada com magistral competência. (55)

"LENDA DE PURNA

Um negociante chamado Purna, que tinha enriquecido no comércio, em uma das suas viagens por mar ouvira homens lendo em voz alta hinos e orações, as próprias palavras de Buda. Essas palavras, novas para ele, impressionaram-no. Dirige-se para junto de Çakyamuni, que se apressa em ensinar-lhe que a lei inteira consiste no renunciamento. Purna, convertido, deixa as suas riquezas, rompe com o mundo, e pede para ser mandado como missionário às terras dos çrônâpârantakas, horda selvagem e feroz.

Buda esforça-se por desviá-lo deste projeto:

— Os homens do Çrônâpârantaka — diz-lhe ele — são arrebatados, cruéis, coléricos, furiosos, insolentes. Quando te dirigirem em face palavras más, grosseiras e insolentes, quando se encolerizarem contra ti e quando te injuriarem, que pensarás tu?

— Se esses homens, Senhor, dirigem-me em face palavras más, grosseiras e insolentes; se se encolerizarem contra mim, se me injuriarem, eis o que pensarei: são certamente homens bons os çrônâpârantakas, são homens brandos porque não me espancam com a mão nem com pedras.

— Mas se eles te espancarem com a mão ou com pedras, que pensarás tu?

— Pensarei que são bons e brandos, porque não me ferem com pau nem com espada.

— Mas se te ferirem com pau ou com espada, que pensarás tu?

— Pensarei que são bons e brandos porque não me privam completamente da vida.

---

(55) Devemos também uma citação especial à obra considerável do Sr. Louis Leblois, de Estrasburgo, cujo conhecimento devemos a uma senhora de grande mérito, Mme. Caroline de Barrau, mãe de um de nossos ex-alunos, hoje nosso amigo, o Dr. Emile de Barrau. A obra do Sr. Leblois é, na verdade, uma obra beneditina. Além de ter sido escrita com grande espírito de justiça e imparcialidade, ela é indispensável a todos que buscam a verdade em matéria religiosa.

— Mas se te privarem completamente da vida, que pensarás tu?

— Pensarei que há discípulos teus que, por causa desse corpo impuro, são atormentados, cobertos de confusão, desprezados, feridos à espada, que tomam veneno, que morrem do suplício da corda, que são lançados aos precipícios. São pois certamente homens bons os çrônâpârantakas, são homens brandos, porque me libertam com tão poucas dores deste corpo impuro.

— Está bem, está bem, Purna — disse-lhe Buda — podes, com a perfeição de paciência que possuis, fixar tua residência no país dos çrônâpârantakas. Vai, Purna, libertado, liberta; tu que chegaste à outra margem, ajuda os outros a lá chegarem; consolado, consola; tu que chegaste ao Nirvana completo, faz que os outros cheguem lá como tu.

Purna dirige-se, com efeito, ao terrível país, e por sua resignação imperturbável ele abranda seus ferozes habitantes, aos quais ensina os preceitos de seu mestre."

§ VII

Já dissemos que a doutrina bramânica era impregnada de grandeza e tolerância; pode-se avaliar isso pelo extrato seguinte do discurso dos brâmanes dado integralmente por um autor inglês em 1777 (56) e traduzido mais tarde para o francês: «Deus ama, em cada país, a forma de culto observado nele; escuta na mesquita os devotos que recitam orações contando as contas do rosário; é íntimo do muçulmano e amigo do indu; é companheiro do cristão e confidente do judeu; e os homens de espírito e alma elevados, que não viram, na diversidade de seitas e nos diferentes cultos de religião, senão efeitos do poder do Altíssimo, gravaram seus nomes de maneira imortal nas páginas da História.»

(56) **Halhed** — "Code of gentoo laws". Este discurso preliminar foi posto pelos bramas no frontispício de uma compilação feita por eles e existe traduzida do persa no prefácio de Halhed.

Como estamos longe do: «Fora da Igreja não há salvação»!

Compreende-se, à vista disso, que, excetuando a repressão do Budismo, de que que já falámos e que foi uma luta de castas, antes guerra social do que religiosa, a história das religiões da Índia não seja assinalada pelos mesmos dramas sinistros que ensanguentaram a evolução do Cristianismo, graças à sentença incendiária que acabámos de citar.

E' digna de guardar-se esta máxima, que não teria sido renegada pela boca de Jesus:

«O homem de bem nunca manifesta inimizade nem mesmo àquele sob cujos golpes sucumbir: é como a árvore do sândalo que perfuma o gume do machado que a derruba.»

Há muitos anos que nos entregamos com deleite, nos momentos de liberdade que sobram de nossas investigações experimentais sobre a Medicina, ao estudo das obras da Índia. E' a mais doce distração que se pode imaginar. Podemos dizer que este estudo foi como um despertar e não receamos enganar-nos dizendo que todos os verdadeiros filósofos, se desejarem lançar os olhos sobre os grandes monumentos da literatura indu, não poderão mais desviá-los dali. De acordo com Vítor Hugo, pensamos que «havemos de ver grandes coisas» e que «a velha barbárie asiática não é talvez tão desprovida de homens superiores como a nossa Civilização quer acreditá-lo.» (57)

Não queremos prolongar por mais tempo o estudo das religiões dos indus; já nos deixamos arrastar mais longe do que desejávamos. Voltemos ao assunto.

Faltam-nos documentos para falarmos das práticas budistas a respeito da evocação das «almas dos antepassados»; mas são abundantes as provas de sua crença na existência da alma. Como os brâmanes, os bonzos budistas ensinam a reencarnação

(57) Victor Hugo — "Les Orientales". Prefácio.

dos «Espíritos», como prova a sua doutrina da imortalidade de seu papa; que eles explicam pela reencarnação de sua alma no corpo de uma criança desde que a morte lhe subtraiu **o antigo corpo.** Nós encontramos esta crença entre os espíritas e os brâmanes modernos.

Na lenda de Kounâla, filho do célebre rei budista Acoka, Kounâla, a quem sua madrasta fêz arrancar os olhos, dirige, depois de seu suplício, o seguinte discurso a seu pai: «Cometi outrora alguma falta, ó grande rei, e é sob a influência desta falta **que voltei ao mundo**, eu, cujos olhos foram a causa de minha desgraça.»

CAPÍTULO VI

FAQUIRISMO

Entre os brâmanes, a prática da evocação dos mortos é, já o dissemos, a base fundamental da liturgia dos templos e o fundo da doutrina religiosa. Para eles a alma sobrevive ao corpo e conserva a sua individualidade até ao dia mais ou menos remoto em que, havendo atingido o grau exigido de perfeição depois de numerosos avatares (reencarnações), ela se confunde com os **puros Espíritos** no seio da divindade, no **nirvana** completo. Mas, antes de chegar a este apogeu, as almas devem servir milhares de vezes para animar corpos humanos de diferentes condições; antes de encarnar em corpos de homens, a alma, o espírito vital, deve ter dado a vida a tudo que existe, desde o átomo da mônada até o animal mais vizinho do homem. Os Espíritos inferiores são os maus Espíritos, que buscam prejudicar os homens, impedindo-os de se adiantarem na série perfectível.

As evocações das almas dos antepassados só podem ser feitas pelos brâmanes dos diversos graus; mas ignoramos ainda os fenômenos determinados nos templos pelos brâmanes de graus superiores. Tudo que sabemos foi-nos ensinado pelas narrações de viajantes europeus, narrações que se combinam de maneira notável e se confirmam. Sabemos, por exemplo, que uma só vez de cinco em cinco anos, por ocasião da festa do fogo, os brâmanes dos graus superiores mostram-se à noite em público, no meio do tanque sagrado que existe na vizinhança de cada pagode ou templo. Ali, diante de multidão considerável, vinda das regiões mais remotas da Índia (porque muitos pagodes são objeto de peregrinações especiais), os brâmanes misteriosos executam fatos, milagrosos na aparência, por meio de processos desconhecidos. Certas narrações referem efeitos produzidos, tão extraordinários, que não queremos repeti-los; se esses fatos fôssem reais, esses homens seriam semi-deuses.

Mas podemos falar das «sortes» realmente maravilhosas dos faquires, que são indivíduos inferiores da casta sacerdotal, e os instrumentos de que se servem os brâmanes para custeio dos templos e a fim de impressionarem a imaginação do vulgo.

Pela palavra sorte designamos, em língua ordinária, habilidades de pelotica, de prestidigitação, executadas por um homem que pretende exercer um poder sobrenatural. Se as chamadas sortes dos faquires são destrezas de prestímano, devemos convir que estes homens são infinitamente superiores aos nossos mais hábeis prestidigitadores. As suas «sortes» desafiam as explicações dos próprios sábios. Comparando as sortes dos faquires, testemunhadas por todos os que residiram algum tempo na Índia, com os «fenômenos» determinados por meio dos melhores «médiuns» europeus ou americanos, chega-se necessàriamente à conclusão de que os faquires são médiuns e os médiuns são prestidigitadores, se é que as sortes dos faquires são verdadeiramente prestidigitações. Mas, inversamente, se depois das investigações repetidas de observadores sérios e competentes, ficar demonstrado que os médiuns obtêm fenômenos inexplicáveis «pela ilusão, pela trapaça ou pelo acaso», seremos, não menos necessàriamente, levados a esta outra conclusão: que os faquires são médiuns, isto é, para nos servirmos da expressão de W. Crookes, homens dotados do poder de emissão de uma força particular denominada por este sábio **força psíqui-**

ca, e cuja verdadeira natureza ainda não conhecemos.

Conta-se que outrora, quando o povo «murmurava» sob o jugo tirânico e embrutecedor dos padres de Brama, viam-se, nesses momentos críticos, os iogues (58) e os faquires mostrando-se nas praças públicas das cidades, cercados de animais ferozes, de tigres, de panteras, que, sùbitamente tornados mais inofensivos que os cordeiros, lambiam afetuosamente as mãos de quem os mandava, e diante de quem se agachavam como cães, acariciadores e submissos.

Mas estas cenas datam de longe, e como não foram contadas por nenhuma testemunha ocular moderna, admitamos que elas pertençam ao domínio do romance, e tenhamo-las por contos.

Não acontece o mesmo com fatos produzidos correntemente por qualquer faquir encantador, com bastão de sete nós, (59) e dos quais vamos falar ligeiramente segundo narrativas de diferentes testemunhas oculares, e sob todas as reservas, bem entendido.

Quando um europeu, recentemente desembarcado, é recebido em casa de um de seus compatriotas, na Índia, um dos primeiros cuidados do hospedeiro é proporcionar a seu hóspede uma sessão de faquirismo.

A pedido do dono da casa, um faquir, vindo do pagode vizinho, apresenta-se munido de seu bastão de bambu.

Ei-lo chegando ao limiar da porta; e, sem cerimônia, sem afetação de espécie alguma, diz ao dono da casa: «Mandaste chamar-me: aqui estou; que desejas de mim?»

Examinemo-lo:

---

(58) Outra variedade dos iniciados da casta sacerdotal: são os eremitas.

(59) O bastão de bambu de sete nós é um sinal de iniciação.

E' um homem alto; exceto um pedacinho de pano suspenso (por compostura) na parte inferior de seu abdômen, ele está completamente nu.

Este grande corpo magro e bronzeado tem o aspecto de uma múmia ambulante.

Depois dos salamaleques do estilo usados, com algumas variantes, por todos os orientais, instala-se, e a pedido das pessoas da casa, onde ele entra embora pela primeira vez, depois de tomar uma postura inspirada, e ter murmurado algumas encantações mágicas, provoca então muitos fenômenos mais ou menos surpreendentes.

Um de seus exercícios familiares intitula-se a dança das folhas: certo número de folhas de figueira, ou de quaisquer outras, são espetadas pelo meio em outras tantas varas de bambu enterradas no solo ou em vasos de plantas. Se for exigido, o encantador nada preparará pessoalmente, não tocará em nenhum dos acessórios. Quando tudo estiver preparado, sentar-se-á no pavimento do aposento, ou no chão, se estiver ao ar livre, com as mãos estendidas e a uma distância tal que se pode passar entre as folhas e as mãos. Um instante mais tarde, os espectadores sentem uma espécie de brisa fresca acariciar-lhes o rosto, se bem que as cortinas próximas permaneçam imóveis, e logo as folhas sobem e descem mais ou menos ràpidamente ao longo das varas em que estão espetadas. Isto, subentende-se, sem contacto visível nem tangível entre o operador e os objetos que servem à operação!

Ou então, um vaso, completamente cheio d'água, move-se espontâneamente sobre a mesa, inclina-se, oscila, ergue-se a altura bastante sensível, sem que uma gota do líquido se derrame.

Ou ainda então, ouvem-se pancadas, a pedido dos assistentes, aqui ou ali, e em número determinado; se há instrumentos de música, eles emitem sons, tocam árias, em pleno sol, sob os olhos dos que estão presentes, a muitos metros do faquir, e sem que este tenha deixado um só instante a sua imobilidade marmórea.

Se o recém-chegado é um provençal ou um saboiano, convidam-no a pensar em um verso de Mireille ou em uma frase no dialeto de sua terra; se é um letrado, pensará em um verso de Homero ou de Virgílio: o faquir estende areia fina sobre uma mesa ou outra superfície lisa; um pauzinho é posto sobre a areia disposta em camada fina, e o homem nu instala-se imóvel, com o corpo em sem-círculo, as pernas dobradas à moda oriental, e as mãos estendidas por cima da areia. Após um intervalo mais ou menos prolongado, com pasmo de todos, o pauzinho ergue-se, caminha, trota, corre sòzinho sobre a areia onde todos logo podem ler o verso de Mistral pensado pelo provençal ou a frase em dialeto saboiano, a menos que o letrado haja pedido mentalmente e obtido um verso da «Ilíada» ou das «Bucólicas»!

L. Jacolliot obteve por processo análogo **o nome de um amigo morto muitos anos antes.** (60)

O faquir repete a experiência diante de vós

---

(60) Eis as condições a que se submetem os faquires da Índia, segundo Jacolliot que foi juiz no tribunal de Pondichery, se estamos bem informados, durante muitos anos:

"1.º — Eles não dão representações públicas em lugares onde a reunião de muitas centenas de pessoas torna toda fiscalização impossível;

2.º — Não andam acompanhados por nenhum ajudante ou **compadre**, segundo a expressão usada;

3.º — Apresentam-se no interior das casas **completamente nus**, trazendo por pudor um pedacinho de pano pouco maior do que a mão;

4.º — Eles não conhecem nem os copos dos prestidigitadores, nem os sacos encantados, nem as caixas de duplo fundo, nem as mesas preparadas, nenhum dos mil objetos necessários aos escamoteadores europeus;

5.º — Não conservam **absolutamente nada em seu poder** além de uma varinha de bambu tenro com sete nós, da grossura de uma caneta que seguram com a mão direita, e um pequeno apito de 3 polegadas de comprimento, preso

em plena luz tantas vezes quantas pedirdes, e permite-vos verificar tudo que quiserdes.

Quando o faquir é de alta classe, no momento de despedir-se ele leva ao cúmulo vosso assombro; coloca-se em lugar bem à vista, na sala em que todos o observam, dando a frente aos espectadores, com os braços gravemente cruzados sobre o peito; seu rosto fica radiante, seus olhos brilham com um fogo sombrio, depois, lento, lento, deixa o solo e sobe mais ou menos alto, às vezes a muitos pés do chão e mesmo até o teto!

Terminada a sessão, o faquir dirige em tom calmo as suas despedidas enfáticas à sociedade, não pede salário algum, recebe a esmola oferecida e parte sem agradecer, como é seu costume.

Tais são, em resumo, as narrativas dos viajantes ingleses ou franceses que visitaram a Índia.

Quando alguém questiona os faquires sobre estes fenômenos, respondem que são produzidos pelos

---

a uma mecha de seus longos cabelos, porque, não possuindo roupa nem bolsos, seriam forçados a trazê-lo na mão, que querem livre;

6.º — Operam segundo a vontade da pessoa em cuja casa se encontram, sentados ou de pé e, segundo o caso, sobre a esteira de rotim da sala de visitas, sobre o pavimento de mármore, de granito ou de estuque da varanda, ou sobre o chão nu do jardim;

7.º — Quando precisam de uma pessoa para operarem os fenômenos de magnetismo ou de sonambulismo, aceitam qualquer de vossos criados e trabalham com a mesma facilidade com o europeu que se quer prestar a isso.

8.º — Se **um objeto qualquer** é necessário, ou seja um instrumento de música, uma bengala, papel, lápis, etc., eles pedem que lhes sejam fornecidos;

9.º — Recomeçam sob vossos olhos as experiências tantas vezes quantas exigirdes, no intuito de investigardes;

10.º — Enfim, eles nunca pedem **salário,** limitando-se a aceitarem a esmola que lhes for oferecida para o templo de que dependem.

Durante os longos anos em que percorri a Índia em todos os sentidos, posso afirmar que jamais vi um único faquir que tivesse procurado subtrair-se a qualquer destas prescrições." (Louis Jacolliot — "Le Spiritisme dans le monde", Paris, 1879.)

Espíritos. «Os Espíritos, dizem eles, que são almas de nossos antepassados (**Pitris**), servem-se de nós como de um instrumento; emprestamos-lhes o nosso fluido natural para combiná-los com o seu, e, por esta mistura, constitui-se um **corpo fluídico**, com cujo auxílio eles operam sobre a matéria conforme vistes.»

Como os médiuns, os faquires pretendem obter fenômenos de **transporte**; falaremos disso depois.

Do mesmo modo que os médiuns (já o vimos acima), eles produzem a **escrita direta**, a **levitação** ou elevação de corpos pesados e mesmo de corpos humanos; têm também a pretensão de provocar a aparição de fantasmas, de **corpos fluídicos**, etc. Em suma, a sua linguagem traduz literalmente a de nossos espíritas parisienses.

Os livros de Jacolliot contêm narrações de sessões de faquirismo idênticas (quanto à intensidade e acessórios) às que encontramos nos jornais espíritas da Europa e do Novo Mundo. Os extratos que citaremos permitirão ao leitor comparar.

Há entretanto uma... (que nome daremos a isso?) chamemos asserção... Assim, há uma asserção sustentada pelos faquires que não encontramos em jornais e livros espíritas: segundo o que pretendem os faquires, eles poderiam, com o auxílio do magnetismo, de seus **mantrams** (encantamentos), etc., determinar a aceleração da vegetação das plantas (61) * mas preferimos dar a palavra

---

(61) **Huc** — "Souvenir d'un voyage dans la Tatarie et le Thibet", loc. cit., conta fatos semelhantes.

* Este fenômeno de beleza incomparável já havia ocorrido na Europa, quando o Dr. Gibier escreveu seu livro, devido à mediunidade da célebre d'Espérance. Na sessão de 4 de Agosto de 1880, a forma materializada de Iolanda produziu, em plena luz, uma **ixora croata** à vista dos assistentes, entre os quais se achavam os Srs. Oxley, Reimer, Armstrong. Esta planta, que foi fotografada, conservou-se na estufa do Sr. Oxley, onde murchou ao cabo de 3 meses. (N. do T.)

a Jacolliot e citar textualmente a seguinte passagem de sua obra sobre «Le Spiritisme dans le Monde»:

"No número das pretensões mais extraordinárias dos faquires, figura a de influírem de modo direto sobre a vegetação das plantas e poderem acelerar por tal forma seu crescimento, que elas chegam a atingir em poucas horas um resultado que exigiria longos meses ou anos de cultura.

Eu já tinha visto muitas vezes repetir-se esse fenômeno; mas como não enxergava nisso senão trapaças, bem sucedidas, esquecera-me de notar exatamente as circunstâncias nas quais o fato se produzira.

Por mais fantástica que fôsse a coisa, já que dispunha de oportunidade, resolvi fazer produzir por Convindasamy, (62), cuja força era realmente maravilhosa, todos os fenômenos que vi executados por diversos, experimentar com ele este fato absurdo, mas curioso, e exercer tal vigilância sobre cada um de seus atos que ele não pudesse subtrair nenhum deles à minha atenção.

Como devia dar-me ainda duas horas de experiências em plena luz — das 3 às 5 — antes da grande sessão da noite, decidi-me a consagrá-las a esse exame.

O faquir de nada desconfiava e supus surpreendê-lo, quando, à sua chegada, lhe comuniquei as minhas intenções:

— Estou às tuas ordens — disse-me ele com a sua simplicidade ordinária.

Fiquei algo desconcertado pela sua segurança, entretanto, repliquei imediatamente:

— Consentirás que eu escolha a terra, o vaso e a semente que vais fazer germinar e crescer em minha presença?

— O vaso e a semente, sim!... mas a terra deve ser tirada de um ninho de cariás.

Estas formiguinhas brancas que constroem, para seu abrigo, montículos, que atingem às vezes uma altura de 8 a 10 metros, são muito comuns na Índia, e nada era mais fácil do que obter um pouco dessa terra

(62) Um faquir que o Autor encontrou em Benarès.

que elas amassam muito bem para edificação de seus asilos.

Ordenei ao meu *censama* (63) que trouxesse, cheio dela, um vaso de flores de tamanho ordinário e, com a terra, também algumas sementes de diversas espécies.

O faquir pediu que o criado machucasse entre duas pedras a terra que devia arrancar aos torrões quase tão duros como pedaços de demolição. A recomendação era boa; não teríamos podido fazer essa operação dentro de casa.

Em menos de um quarto de hora estava de volta o meu criado trazendo os objetos pedidos; recebi-os de suas mãos e despedi-o, não querendo deixá-lo comunicar-se com Convindasamy.

Entreguei a este um vaso cheio de terra esbranquiçada, que devia estar toda saturada desse líquido leitoso que as cariás segregam sobre cada parcela ínfima da terra de que se servem para a construção de seus monumentos.

Ele diluiu-a lentamente em um pouco d'água, articulando *mentrams* cujas palavras não chegavam a mim.

Quando o faquir julgou que ela estava convenientemente preparada, pediu-me a semente que eu tivesse escolhido, assim como alguns côvados de um pano branco qualquer. Tomei ao acaso uma semente de mamão, entre as que o meu *cansama* trouxera, e antes de entregar-lha perguntei se ele me autorizava a marcá-la. Obtido o seu consentimento, pratiquei ligeiro entalhe na película da semente e dei-lha com alguns metros de cassa de mosquiteiro.

— Vou primeiro dormir o sono dos Espíritos — disse-me Convindasamy —; jura-me que não tocarás nem em minha pessoa nem no vaso?

Prometi.

Plantou então a semente na terra, que ele reduzira ao estado líquido; depois, enterrando sua varinha de sete nós — sinal de iniciação, que ele nunca abandonava — em um dos cantos do vaso, empregou-a como um arrimo sobre o qual estendeu a peça de cassa que eu lhe dera. Tendo assim ocultado o objeto sobre o

---

(63) Criado indu.

qual ia operar, acocorou-se, estendeu as duas mãos horizontalmente sobre o aparelho, e caiu pouco a pouco em um estado de completa catalepsia.

Eu lhe prometera não tocar em sua pessoa, e ignorava a princípio se aquela situação era real ou simulada. Mas quando ao cabo de hora e meia vi que ele não havia feito um movimento, rendi-me à evidência. Nenhum homem acordado, qualquer que fôsse a sua força, seria capaz de permanecer por dez minutos com os dois braços estendidos horizontalmente para diante.

Uma hora passou assim sem que o mais ligeiro jogo de músculos denunciasse que ele estava vivo... Quase nu, com o corpo luzente e polido pelo calor, os olhos abertos e fixos, o faquir parecia uma estátua de bronze em atitude de evocação mística.

Achava-me a princípio colocado em frente dele para nada perder da cena, mas pouco depois não pude mais suportar o seu olhar que, embora semi-velado, parecia-me carregado de eflúvios magnéticos... Em um momento dado, senti que tudo começava a andar ao redor de mim, o próprio faquir parecia-me entrar na dança... Para escapar a essa alucinação dos sentidos, talvez produzida pela tensão excessiva do meu olhar sobre um mesmo objeto, levantei-me, e sem perder de vista Convindasamy, sempre imóvel como um cadáver, fui sentar-me à extremidade do terraço, dirigindo alternativamente a atenção para o curso do Ganges e sobre o faquir a fim de escapar por este modo a uma influência muito direta e prolongada.

Havia já duas horas que eu esperava; o Sol começava a baixar ràpidamente no horizonte, quando um leve suspiro me fêz extremecer; o faquir tinha despertado.

Fêz-me sinal de aproximar-me e, levantando a cassa que cobria o vaso, mostrou-me um tenro mamoeiro, fresco e verde, de uns vinte centímetros de altura mais ou menos. Adivinhando o meu pensamento, Convindasamy enterrou os dedos na terra, que perdera toda a humidade e, retirando delicadamente a planta, mostrou-me sobre uma das duas películas, que aderiam ainda às raízes, o entalhe feito por mim duas horas antes.

Seria a mesma semente, seria o mesmo entalhe? Só tenho uma resposta a dar. Não percebi substituição alguma; o faquir não saiu do terraço. Eu não o perdera de vista. Ele ignorava, quando veio, o que eu ia pedir-lhe. Era-lhe impossível ocultar uma planta sob sua roupa, porque ele estava quase inteiramente nu, e em todo caso, como teria podido prever de antemão que eu escolheria uma semente de mamão no meio de trinta espécies diferentes que meu criado trouxera?

Não posso nada mais afirmar sobre semelhante fato. Há casos em que a razão não se submete, nem mesmo em presença de fenômenos nos quais os sentidos não conseguiram descobrir delito flagrante de fraude.

Depois de saborear durante alguns instantes o meu assombro, o faquir disse, com expressão mal dissimulada de orgulho:

— Se eu continuasse as evocações, dentro de oito dias o mamoeiro teria flores e dentro de quinze daria frutos."

Bem entendido, não empenhamos a nossa responsabilidade sobre tudo o que acima transcrevemos; reproduzimos, mas só garantimos o que está exposto em nossas experiências. Permanecemos fiéis ao nosso princípio «de só acreditarmos naquilo que está demonstrado».

Vejamos agora o que se passa com **o maravilhoso na Europa**.

CAPÍTULO VII

O ESPIRITISMO NA EUROPA

§ I

O exame retrospectivo que acabámos de fazer arrastou-nos para bem longe da história do Espiritismo ou Espiritualismo moderno. Não obstante, era necessário mostrar que o Espiritismo não fazia mentir o adágio: «Nada é novo debaixo do Sol», e provamo-lo. Devemos, agora que o nosso objetivo foi alcançado deste lado, seguir de novo a pista da doutrina, nova para nós, através da Civilização ocidental.

O suplemento de histórico que nos resta a fazer comporta dois elementos muito diferentes por sua importância respectiva. Um desses dois elementos tem ligação com o estudo que do Espiritismo fizeram homens honestos sem dúvida, certamente instruídos (não queremos falar dos outros), mas carecendo de educação científica. Podemos criticar os sábios, podemos recordar que as academias repeliam em começo todas as grandes descobertas, mas, não é menos verdade que os homens, habituados por ofício às investigações experimentais, quando se dão ao trabalho de examinar um fato, devem fazê-lo com melhores probabilidades de êxito do que o comum dos mortais. Mas, o mal está em que aqueles homens, inconsequentes com seus próprios princípios, repelem **a priori** uma descoberta importante por decidirem, sem reflexão, que o fato anunciado era impossível e não merecia examinado.

Não nos estenderemos longamente sobre os

trabalhos produzidos pelos obreiros que qualificaremos de literários do Espiritismo; eles registaram documentos interessantes, é incontestável, entretanto, não fizeram adiantar muito a questão.

Mas, as afirmações ou negações tomam nesse gênero de matérias um caráter novo e de gravidade excepcional quando homens, como aqueles a quem aludimos acima, estudam a questão e submetem-na à retorta e à balança da experiência. Não receeis que esses homens se entusiasmem; vê-los-eis expondo secamente os mais alarmantes ou comoventes fatos, conforme preferirdes: oh! não é a poesia que os perturba, pelo menos em geral. E frequentemente quando relatam os fatos que vos empolgam, mesmo lendo a sua história nua, sem romance, contais encontrar no fim da observação uma conclusão satisfatória, dispensando-vos do trabalho de tirar as deduções e a dedução das deduções... porém nada! apenas um traço rígido e negro, e eis tudo. — «Eu, diz o experimentador, não descobri tudo, verifiquei um fato, descrevi tão minuciosamente quanto possível as condições em que me coloquei; se puderdes demonstrar-me que o meu método pecou em algum ponto, far-me-eis favor, indicando-o; repito, observei um fenômeno e vo-lo descrevi, mas não exigi de mim mais do que isso; se quiserdes deduzir dele alguma coisa, podeis fazê-lo, porém eu não tenho pressa: preciso de um suplemento de observação; conheço o modo de ver e **como**, mas ainda não encontrei o **porquê**.»

O Espiritismo tornou-se verdadeiramente experimental desde o dia em que seus obreiros científicos começaram a ocupar-se da questão. Aos trabalhos desses últimos consagraremos uma análise especial.

§ II

Depois de ter feito barulho na América, as manifestações espíritas atravessaram ràpidamente o oceano e propagaram-se na Inglaterra. Depressa elas passaram o estreito, e alguns anos depois não havia em Paris talvez um salão que não tivesse a sua mesa batendo, girando e valsando. Todo o mundo se ocupava disso. Na maior parte frívolas, as comunicações obtidas eram às vezes sérias, filosóficas, e cedo se observou que a mesa expunha teorias de acordo com a opinião do meio em que o «fenômeno» se produzia; isto serviu para arquitetar-se uma teoria, da qual teremos ocasião de falar mais tarde.

Alguns pensadores entenderam poder fundar uma doutrina nova com o auxílio das comunicações que obtinham, e esses documentos de «além-túmulo», como eram denominados, foram coligidos, ordenados, revistos e corrigidos por «Espíritos» superiores. Rivail, que, segundo o que dizem, por conselho dos próprios Espíritos, trocou seu nome pelo nome céltico de Allan Kardec, fêz, com o auxílio destes mesmos escritos obtidos de diferentes maneiras, livros, (64) que são hoje como que o evangelho dos espíritas franceses. Dizemos dos espíritas franceses porque, se bem que ela fôsse comunicada por Inteligências superiores (segundo Allan Kardec), a doutrina ensinada nesses livros não é aceita pelos espíritas de outros países, como a Inglaterra e a Norte América, onde os partidários são ainda mais numerosos do que entre nós. Assim, por exemplo, do mesmo modo que os brâmanes da Índia, Allan Kardec e os «Espíritos» que se comunicam com os espíritas franceses são partidários da reencarnação. Do mesmo modo que os primeiros Doutores da Igreja, (65) eles admitem a preexistência das almas: além disso afirmam que

---

(64) **Allan Kardec** — Suas principais obras são: "O Livro dos Espíritos. — "O Livro dos Médiuns. — "A Gênesis, Os Milagres e as predições segundo o Espiritismo". — "O Evangelho segundo o Espiritismo e o "Céu e o Inferno".

(65) Origenes, que acreditava também na existência dos antípodas.

essas almas animaram uma série de corpos humanos no passado e animarão outra série no futuro, até que a purificação do espírito, por sucessivas encarnações, seja tal que a alma se eleve até à esfera dos **puros Espíritos**. (66)

Ao contrário, os «Espíritos» que se comunicavam na América do Norte e na Inglaterra são opostos à ideia de reencarnação: mistério!

Enfim, devemos dizer ainda que algumas comunicações são ateístas, que outras são materialistas!

Entre os Mórmons, os Espíritos são **poligamistas**, e lemos a narrativa de comunicações onde a prática dos abortos, tão espalhada nos Estados Unidos, encontrava complacentes defensores entre os correspondentes do outro mundo.

Como conciliar tudo isso? Os livros de Allan Kardec têm resposta para tudo: ninguém se embaraça por tão pouco! Tudo se explica pelo fato de se comunicarem com frequência os Espíritos inferiores; é o que explica certas «comunicações» vulgares, triviais e mesmo obscenas.

De novo repetimos que somos apenas um narrador: estamos referindo.

Entretanto, consignemos que a doutrina comum aos brâmanes e a Allan Kardec é consequente consigo mesma; com efeito, se o homem sobrevive à destruição de seu corpo, não há razão para que ele adquira de um dia para outro a onisciência e a onipotência; é lentamente que o «Espírito», se existe, deve perder os maus hábitos que contraiu, assim como as perniciosas opiniões que professou durante a vida terrestre.

Assim, os Espíritos que se comunicam na América seriam inferiores, e como os anglo-saxônios estão mais impregnados da Bíblia do que os franceses, repelem a pluralidade das existências, em desacordo com as Escrituras. Dizem também que, considerando-se de essência superior à dos negros,

(66) A palavra espírito encontra-se nas obras de Allan Kardec, como nos livros dos brâmanes.

os brancos repelem a reencarnação de seu «Espírito» que, por acidente, podia servir para animar um homem de cor, o que seria demasiado humilhante!

Os Espíritos anglo-saxônios que se comunicam, não estando ainda desembaraçados dos preconceitos terrestres, persistem em seus erros. E' esta a teoria.

Em seu livro intitulado, «A Gênesis, os Milagres e as Predições segundo o Espiritismo», Allan Kardec pinta a descoberta do Espiritismo na parábola seguinte, porque, como Buda e o Cristo, também ele fala por parábolas: «Um navio carregado de emigrantes partiu para longínquo destino, levando homens de todas as condições, parentes e amigos dos que ficaram. Espalha-se a notícia que o navio naufragou; não há vestígios dele, nada se sabe ao certo sobre a sua sorte; supõe-se que todos os viajantes morreram, e todas as famílias estão de luto. Entretanto, a tripulação inteira, todos os passageiros aportaram em uma terra desconhecida, abundante e fértil, onde todos vivem felizes sob um céu clemente; mas ninguém sabe disso. Ora, um dia, outro navio aferra esse porto; aí encontra sãos e salvos todos os náufragos. A feliz nova divulga-se com a rapidez do relâmpago; todos exclamam: «Nossos amigos não estão perdidos!» e rendem por isso graças a Deus. Não podem ver-se, mas correspondem-se; trocam testemunhos de afeto e a alegria sucede às tristezas.» (67)

De resto, o novo dogma não tem pretensões à imobilidade, à infalibilidade; como o apóstolo, seus corifeus dizem também: «Desconfiai dos maus Espíritos.» (68) Declaram que se submetem à razão e aos progressos da Ciência, e que as suas crenças podem ser modificadas quando o progresso e

(67) **Allan Kardec** — "A Gênesis, segundo o Espiritismo".

(68) São João, IV, 2.

a experiência demonstrarem essa necessidade, em vez de se basearem cegamente nas comunicações dos Espíritos «que a esse respeito não sabem mais do que nós».

§ III

Chegou o momento de lançarmos um olhar sobre o estado atual do Espiritismo e de investigarmos os documentos e os fenômenos nos quais ele hoje se apóia. Como é, perguntar-me-ão, que semelhante superstição ainda subsiste em fins do século XIX, no momento em que a Ciência parece chegada ao seu apogeu, na época em que se desenvolvem os resultados fecundos das descobertas titânicas do vapor e da eletricidade, sem falar de outras? Foi exatamente o raciocínio que fizemos, a princípio, quando decidimos estudar o Espiritismo e seus fenômenos, com a ideia que nos íamos ocupar de grande mistificação. Se a nossa opinião ainda se não modificou no que diz respeito às doutrinas dos espíritas, o mesmo não acontece relativamente aos fenômenos que lhes servem de base. Somos forçados a confessar que se produzem fatos, os quais podem ser verificados por qualquer pessoa, e que esses fatos, sobrenaturais em aparência, não podem ser explicados só com auxílio dos nossos atuais conhecimentos. Qualquer experimentador sincero, desejando sèriamente ver, convencer-se-á depressa que um vasto campo da Fisiologia e da Física ainda está para ser estudado e que estamos longe de conhecer todas as forças da Natureza. Sabemos que o caminho em que penetrou a Medicina oficial, há pouco, com a escola da Salpetrière apenas foi aberto; e que a orientação tomada por Charcot, depois de Braid e outros, conduzi-lo-á, com seus discípulos, mais longe do que ele a princípio acreditava.

Compreende-se que em presença de fenômenos inexplicados, mas devidamente verificados, certas imaginações tenham chegado a ponto de suporem-se em relações com os Espíritos do outro mundo. Todos os nossos conhecimentos em Física, em Química, em Biologia, em toda a classe de ciências finalmente, nada podem informar-nos a respeito do destino da inteligência humana depois da morte; por isso elas não constituem barreira insuperável às superstições. De fato, o que prova isso é que todas as ciências exatas são ensinadas nos seminários de muitas religiões e nem por isso abalam as convicções impostas pela fé.

A extensão crescente do Espiritismo pode ser explicada pelo fato de nenhuma religião ser capaz de produzir os «milagres», que são a propriedade e o meio de propaganda dessa doutrina nova. E' do Espiritismo principalmente que se pode dizer que sua propaganda é feita pelos fatos.

Agora procedamos por hipóteses, e suponhamos um momento que a doutrina, deduzida dos fatos denominados espiritualistas, seja justa; haverá um poder no mundo capaz de impedir que isso aconteça? Não está a verdade acima de tudo? E' à Ciência que incumbe regulamentar-lhe as práticas.

Mas antes de nos serem demonstrados os bons fundamentos da Doutrina Espírita, tratemos de informar-nos sobre seus progressos incessantes. Porque, já não é lícito duvidar-se, ela propaga-se todos os dias tanto nas classes menos esclarecidas, onde predominam as inteligências simples, como nas classes elevadas, onde se encontram os espíritos mais cultivados. Pode-se dizer, sem temor de ser desmentido pelos fatos: o Catolicismo sofrerá mais do Espiritismo do que do Materialismo. Quantas pessoas conhecemos, cujas convicções religiosas cederam diante dos fatos espíritas, depois de resistirem por muito tempo aos raciocínios científicos!

Ainda uma vez, façamos nosso exame de consciência e perguntemos a nós mesmos se é obra digna da Ciência tentar semelhantes investigações. Refletindo bem no assunto, nada achamos nisso de censurável, mas compreendemos o perigo inerente a esse gênero de estudos. Estamos antecipadamente seguros da aprovação dos verdadeiros sábios e temos consciência do serviço que vamos prestar aos que não pretendem tudo conhecer. Mas sentimo-nos constrangidos perante a turba dos semi-sábios de que o mundo em parte é composto: estes são difíceis de contentar e estão prontos a arrastar o próximo às Gemônias! Razão tem o poeta indu, quando diz: (69)

«Dirige-se fàcilmente um ignorante, mais fácil ainda é dirigir-se o homem instruído; mas nem mesmo o próprio Brama dirigiria o que só possui meia ciência.»

Impavidum ferient ruinæ! Ponhamos de parte vãos escrúpulos e não nos desviemos do nosso objetivo: a investigação da Verdade.

Os homens simples e pouco instruídos que se tornaram espíritas merecem desculpas, porque escritores populares conduziram-nos a esse caminho.

Eugênio Bonnemère escreveu o seguinte:

«Como todo o mundo, ri-me do Espiritismo, mas o que eu tomava pelo riso de Voltaire não era mais do que o riso do idiota, muito mais comum do que o outro.» (70)

Maurício la Châtre exprime-se assim: (71)

«A Doutrina Espírita encerra em si os elementos de uma transformação das ideias, e a esse título ela merece a atenção de todos os homens de progresso. Sua influência, estendendo-se já sobre todos os países civilizados, dá ao seu fundador uma importância considerável, e tudo faz prever que, em um futuro talvez próximo, Allan Kardec será tido como um dos reformadores do século XIX.»

---

(69) **Von Bohlen** — "Bhartriari's Sprüche", Hamburgo, 1835; **Leblois**, loc. cit.

(70) **E. Bonnemère** — "L'âme et ses manifestations" — "Le Roman de l'avenir", etc.

(71) "Dictionaire".

Outro escritor de nomeada, Charles Lemon, autor do «Jean Dacier», escreveu:

«Devemos reconhecer que a hipótese espírita já conquistou a imensa maioria dos homens inteligentes e de boa fé.» (72)

Vítor Meunier, redator do jornal «Le Rappel», secção científica, escreveu que «o Espiritismo viceja espesso como uma floresta, sobre as ruínas do materialismo agonizante.» (73)

Outro redator do «Le Rappel», redator-chefe em pessoa, Augusto Vacquerie, (74) praticou algo muito mais grave do que dizer: «Eu creio nos Espíritos batedores da América atestados por catorze mil assinaturas.» (Alusão a uma petição dirigida aos poderes federais.) Vacquerie conversou com as mesas e, circunstância agravante, ele declarou-o por escrito. E fê-lo de maneira muito elegante, muito original, para que privemos os nossos leitores da passagem de suas «Miettes de l'Histoire», onde conta o fato minuciosamente. Falando de uma visita que a Sra. de Girardin fêz a Vítor Hugo em sua casa de exílio em Jersey, onde se achava igualmente Vacquerie, este escritor nos narrou que a Sra. de Girardin importou do Continente a moda, naquele tempo nova, de fazer falar as mesas:

"Seria sua morte próxima, (75) diz ele, que a levara a interessar-se pela vida extra-terrestre? Ela estava muito preocupada com as mesas falantes, suas primeiras palavras foram perguntar-me se eu acreditava nisso. Ela acreditava e passava horas evocando os mortos. Sua preocupação refletia-se até em seu trabalho; o assunto de *La Joie fait peur* não é um morto que volta? Ela queria absolutamente que acreditássemos com ela, e, no próprio dia de sua chegada, tivemos

---

(72) "In Anti-materialiste".

(73) "Rappel", 1865.

(74) **Augusto Vacquerie** — "Les Miettes de l'histoire", Paris, 1863.

(75) Mme. Girardin sabia que estava muito doente.

dificuldade em fazê-la esperar o fim do jantar; levantou-se à sobremesa e arrastou um dos convidados ao *parloir* (pequena sala) onde atormentaram uma mesa, que permaneceu muda. Ela lançou a culpa sobre a mesa, cuja forma quadrada contrariava o fluido. No dia seguinte, comprou pessoalmente em uma loja de brinquedos de crianças uma mesa redonda pequena, de um só pé, terminado por três garras, que colocou sobre a grande e que não se animou mais do que esta última. Ela não desanimou e disse que os Espíritos não eram cavalos de tipóia que esperam pacientemente os burgueses, mas seres livres e voluntários que vinham quando queriam.

No dia seguinte, a mesma experiência e o mesmo silêncio. Ela obstinou-se, a mesa teimou. Era tal o seu ardor de propaganda que, certo dia, jantando em uma casa da ilha, fêz a família interrogar a pequena mesa, que provou a sua inteligência, não respondendo. Os repetidos insucessos não a abalaram; permaneceu calma, confiante, sorridente, indulgente para com a incredulidade; na ante-véspera de sua partida, pediu-nos, por despedida, uma última tentativa. Eu não havia assistido às tentativas precedentes; não acreditava no fenômeno e nem queria acreditar nele. Não sou dos que fazem má cara às novidades, mas achava esta extemporânea, desviando Paris das ideias que eu supunha mais urgentes. Eu protestara por meio da abstenção. Desta vez não pude recusar assistir à última prova, mas fui com a firme resolução de só crer no que fôsse bem provado.

A Sra. de Girardin e o assistente que se ofereceu, colocaram as mãos sobre a mesa. Durante um quarto de hora, nada, mas prometêramos ter paciência; cinco minutos depois ouvimos um leve estalido da madeira; podia ser o efeito de pressão involuntária produzida por mãos fatigadas; porém logo o estalido se repetiu e depois uma agitação febril. Sùbitamente ergueu-se uma das garras do pé da mesa, e a Sra. Girardin disse:

— Aí está alguém? Se há alguém que deseje falar, bata uma pancada.

A garra caiu com um ruído seco.

— Há alguém! — exclamou a Sra. de Girardin —; fazei perguntas.

Fizeram perguntas e a mesa respondeu. A resposta era breve, uma ou duas palavras quando muito, hesitante, indecisa, às vezes ininteligível. Seria defeito da nossa interpretação? O modo de traduzir as respostas prestava-se a erro; eis como procedíamos: nomeávamos uma letra do alfabeto, *a, b, c,* etc., a cada batimento do pé da mesa; quando a mesa parava, marcávamos a última letra designada. Mas, às vezes, a mesa não parava claramente sobre uma letra, havia confusão, era notada a precedente ou a seguinte; por efeito de nossa inexperiência, e como a Sra. de Girardin quase não interviesse para que o resultado fôsse menos suspeito, a comunicação embrulhava-se. Em Paris, a Sra. de Girardin empregava, disse-nos ela, um processo mais seguro e mais expedito: mandara fazer expressamente uma mesa com alfabeto em quadrado e uma agulha que por si mesmo designava a letra.

— Apesar da imperfeição do meio, a mesa deu, entre respostas equívocas, algumas que me impressionaram.

Eu havia sido apenas testemunha; tive por minha vez que ser ator. Estava tão pouco convencido que tratei o milagre como um asno sábio a quem se manda adivinhar "qual é a menina mais ajuizada da sociedade"; disse eu à mesa:

— Adivinha a palavra em que estou pensando.

A mesa disse uma palavra; era exato. A minha curiosidade resistiu. Pensei que o acaso podia ter indicado a palavra à Sra. de Girardin, e que ela podia tê-la indicado à mesa; já me havia sucedido, em um baile da Ópera, dizer a uma mulher de dominó que eu a conhecia e, perguntando-me ela seu nome de batismo, aconteceu-me dizer ao acaso um nome que era o seu; sem mesmo invocar o acaso, eu poderia muito bem, à passagem das letras da palavra, ter tido, inconscientemente, nos olhos ou nos dedos, algum estremecimento que as denunciasse. Recomecei a prova; mas, para estar certo de não trair a passagem das letras, nem por pressão maquinal nem por olhar involuntário, deixei a mesa e perguntei-lhe, não a palavra que eu pensava, porém sua tradução. A mesa disse:

— Queres dizer *sofrimento*.

A palavra pensada era *amor*.

Ainda não fiquei persuadido. Supondo que a mesa

fôsse ajudada, o sofrimento é de tal modo o fundo de todas as coisas, que a tradução podia aplicar-se a qualquer palavra que eu tivesse pensado. *Sofrimento* teria traduzido *grandeza, maternidade, poesia, patriotismo,* etc., do mesmo modo que *amor.* Era possível ainda que eu estivesse sendo enganado, mas então seria mister que a Sra. de Girardin, tão séria, tão generosa, tão amiga, com os pés na sepultura, tivesse atravessado o mar para zombar dos proscritos.

Antes de acreditar nisso, muitos impossíveis eram críveis; mas eu estava determinado a duvidar até à injuria. Outros interrogaram a mesa e esta adivinhou seus pensamentos ou incidentes só deles conhecidos. De súbito, ela pareceu impacientar-se com as perguntas pueris; recusou responder, continuando entretanto a agitar-se como se tivesse alguma coisa a dizer. Seu movimento tornou-se brusco e voluntarioso como uma ordem.

— E' sempre o mesmo Espírito que está aí? — perguntou a Sra. de Girardin.

A mesa bateu duas pancadas, o que na linguagem convencionada significava: não.

— Quem és?

A mesa respondeu o nome de uma morta, viva no coração de todos os presentes.

Aqui já não havia lugar para a desconfiança; ninguém teria tido diante de nós a coragem de fazer daquele túmulo um tablado de feira. Já era difícil admitir-se uma mistificação, mas uma infâmia! A suspeita seria desprezada por si mesma. O irmão interrogou a irmã que saía da morte para consolar o exílio; a mãe chorava; uma indescritível emoção apertava todos os peitos; eu sentia distintamente a presença daquela que me fôra roubada pelo duro temporal. Onde estava ela? continuava a amar-nos? era feliz? Satisfazia a todas as perguntas ou respondia que não lhe era permitido responder. A noite corria e nós ali, com a alma subjugada pela invisível aparição. Enfim, nos disse ela adeus, e a mesa ficou imóvel.

O dia nascia, subi para meu quarto, e, antes de deitar-me, escrevi o que ocorrera, como se aquelas coisas pudessem jamais ser esquecidas! No dia seguinte, a Sra. de Girardin não teve mais necessidade de solicitar-me, fui eu quem a conduziu à mesa. Tornámos a passar a noite com ela. A Sra. de Girardin partia cedo, acompanhei-a ao vapor, e, quando largaram os cabos, ela gritou-me:

— Até à vista!

Não tornei a vê-la. Mas tornarei a vê-la.

Ela voltou para a França, a completar seu resto de vida terrestre. Havia já alguns anos, seu salão era bem diferente daquilo que havia sido. Seus verdadeiros amigos já lá não estavam mais. Uns estavam fora da França, como Vítor Hugo; outros estavam mais longe, como Balzac; outros ainda mais longe, como Lamartine. Ainda por lá andavam todos os duques e embaixadores que ela queria, mas a revolução de Fevereiro tirou-lhe a fé na importância dos títulos e das funções, e os príncipes não a consolavam da perda dos escritores. Ela substituía melhor os ausentes, ficando só com um ou dois amigos e sua mesa. Os mortos acudiam à sua evocação; ela tinha assim *soirées* que valiam bem as melhores de outrora e onde os gênios eram substituídos pelos Espíritos. Seus convidados de então eram Sedaine, a Sra. de Sevigné, Safo, Molière, Shakespeare. Foi entre eles que ela morreu. Partiu sem resistência e sem tristeza; esta vida ao lado da morte havia-lhe tirado toda a inquietação. Coisa tocante: para suavizarem o duro passo a esta nobre mulher, estes grandes mortos tinham vindo procurá-la!

A partida da Sra. de Girardin não esfriou o meu entusiasmo pelas mesas. Atirei-me de corpo e alma a essa grande curiosidade da morte entreaberta.

Não esperava a noite; começava ao meio-dia e só acabava de manhã; quando muito, eu interrompia para jantar. Pessoalmente, eu não tinha ação alguma sobre a mesa, não a tocava, sòmente lhe perguntava. O modo de comunicação era sempre o mesmo, e eu já estava familiarizado com ele. A Sra. de Girardin mandou-me de Paris duas mesas: uma pequena, cujo pé era um lápis que devia escrever e desenhar; ela foi experimentada uma ou duas vezes, desenhou mediocremente e escreveu mal; a outra, maior, era uma mesa com quadrante de alfabeto, no qual um ponteiro marcava as letras; esta foi abandonada também, após uma experiência mal sucedida, e adotei definitivamente o processo primitivo que, simplificado pelo hábito e por abreviações convencionais, ganhou depois toda a rapidez desejável. Eu conversava correntemente com a mesa; o rugido do mar misturava-se a esses diálogos, cujo mistério crescia com o inverno, com a noite, com a tempestade, com o isolamento. A mesa já não respondia palavras, porém frases e páginas. Ela era quase sempre grave e magistral, mas, às vezes, espirituosa e mesmo cômica. Tinha acessos de cólera; fiz-me insultar em mais de uma ocasião por haver-lhe falado com irreverência, e confesso que só ficava tranquilo depois de obter o perdão. Era exigente; escolhia o interlocutor, queria ser interrogada em verso e era obedecida; então respondia também em verso. Todas essas conversações eram recolhidas, já não depois das sessões, mas durante as mesmas, e ditadas pela mesa; elas serão publicadas algum dia e estabelecerão um problema imperioso a todas as inteligências ávidas de verdades novas.

Se me pedissem a solução, eu hesitaria. Não teria hesitado em Jersey, teria afirmado a presença de Espíritos. Não é a opinião de Paris que me retém; sei todo o respeito que devemos à opinião do Paris atual, deste Paris tão sensato, tão prático e tão positivo, que só acredita no *maillot* das dançarinas e no canhenho dos corretores. Mas, o cepticismo de Paris não me faria abaixar a voz. Tenho mesmo a satisfação de dizer-lhe que, relativamente à existência do que se chama os Espíritos, eu já não duvido disso; nunca tive essa fatuidade de raça, a qual decreta que a escala dos seres pára no homem; estou persuadido de que, pelo menos, temos tantos degraus a percorrer quantos são os percorridos, e acredito tão firmemente nos Espíritos como nos onagros. Admitida a sua existência, a sua intervenção é apenas um detalhe; porque não poderiam eles comunicar-se com o homem por um meio qualquer, e porque este meio não seria uma mesa? Seres imateriais não podem mover a matéria; mas quem vos diz que eles sejam seres imateriais? Podem possuir um corpo mais sutil do que o nosso e imperceptível aos nossos olhos, como a luz que o é ao nosso tato. E' verossímil que entre o estado humano e o estado imaterial, se este existe, não faltem transições. O morto sucede ao vivo, como o homem ao animal. O animal é um homem com menos alma, o homem é um animal em equilíbrio, o morto é um homem com menos matéria, mas ainda com alguma. Não encontro pois objeção razoável contra a realidade do fenômeno das mesas.

Mas nove anos passaram sobre essas coisas. Interrompi, depois de alguns meses, a minha conversação quotidiana, por causa de um amigo cuja razão pouco sólida não resistiu a esses sopros do desconhecido. Não mais reli depois esses cadernos onde dormem aquelas palavras que me comoveram profundamente. Não estou mais em Jersey, sobre a rocha perdida entre as vagas, na qual, expatriado, arrancado do solo, fora da existência, morto em vida, a vida dos mortos me parecia coisa simples. E a certeza é tão pouco natural no homem que duvidamos até das coisas que vimos com os nossos olhos, que tocamos com as nossas mãos.

Sempre achei que São Tomás era muito crédulo."

Outros escritores, entre os mais ilustres, poetizaram, em suas obras, a ideia espírita, fazendo narrações imaginárias de colóquios etéreos entre os vivos e as almas dos mortos. Teófilo Gautier escreveu um livro admirável: «Spirite», cuja urdidura é evidentemente retirada das doutrinas espíritas. O grande historiador Michelet é também um exemplo do que avançamos; convence-se disso quem lê o seu livro «L'Amour».

Enfim, o nosso grande poeta Vítor Hugo deu igualmente seu parecer sobre o Espiritismo: «A mesa que gira e fala, disse ele, foi muito ridicularizada; falemos claro: essa zombaria não tem alcance. E' do rigoroso dever da Ciência sondar todos os fenômenos. Evitar o fenômeno espírita, negar-lhe atenção, é negar atenção à verdade.» (76)

Como em presença de tais testemunhos podemos estranhar os progressos do Espiritismo?

Quiséramos poder abreviar este volume e desejávamos não inserir por inteiro extratos tão extensos como os precedentes, mas não estamos escrevendo um romance: estamos examinando do-

---

(76) "Les Génies (Shakespeare).

cumentos do Espiritismo e somos forçados a apresentá-los ao leitor. Por isso, pedimos permissão para mais uns extratos de escritores, isto é, de propagandistas espíritas mais conhecidos. Assim, Eugênio Nus, homem de letras muito distinto que já tivemos o prazer de citar, conta, em suas «Choses de l'Autre Monde», que ele e muitos amigos, cujos nomes cita, entregavam-se em 1853 aos prazeres da tiptologia. (77)

Em casa de Eugênio Nus, as «comunicações» eram dadas por meio de pancadas alfabéticas batidas por uma mesa que se levantava sobre os pés como a da Sra. de Girardin. Algumas dessas mensagens (como ainda se diz) explicam perfeitamente a pressa que teve a Igreja em lançar o anátema contra essas práticas; eis uma, tomada ao acaso:

«**A Religião Nova**, diz a mesa que fala evidentemente do Espiritualismo experimental, **transformará as crostas do velho mundo católico, já aluídas pelos golpes do Protestantismo, da Filosofia e da Ciência!**»

Como! exclamarão os que ainda supõem que essas coisas são indignas pilhérias, como foi uma mesa quem ditou isso? Sim, honrado leitor, parece que foi assim, e estaríamos como os homens de quem fala o «divino» Platão, (78) os quais, presos desde seu nascimento em caverna obscura, desconheciam a luz. Um deles, tentando uma excursão ao exterior, ficou cego a princípio: não tendo a mínima ideia do fenômeno luz, não compreendia; depois, pouco a pouco, compreendeu (exatamente como nós e os que quiseram informar-se). Tendo contemplado a natureza exterior, entrou de novo na caverna para comunicar a boa-nova aos seus «co-trogloditas»; mas aí ninguém acreditou no que ele contava; disseram-no louco; seus companheiros

---

(77) Do grego.

(78) **República**, L. VII. Não traduzimos de maneira muito literal, mas o fundo é o mesmo.

encolerizaram-se por verem um insensato dizer coisas novas tão pouco conforme aos seus «conhecimentos adquiridos», aos seus respeitáveis preconceitos, e evitaram imitá-lo, indo ver a luz, com medo de enlouquecerem como ele.

Eugênio Nus obteve comunicações muito curiosas. Citemos ainda uma delas: é uma definição da morte, que tem seu valor se, de fato, ela procede de quem esteja em situação de bem conhecê-la:

«A morte não é o túmulo humano. Ela limita a forma do ser material; fim do indivíduo, desprende o elemento imaterial. — A morte inicia o Espírito em uma nova existência. Confiai em um destino que será vossa obra!»

Uma série de comunicações análogas, encontradas na mesma obra, oferece o lado curioso de apresentar definições redigidas em doze palavras. Essas doze palavras caíam, rápidas como uma flecha, a pedido das pessoas presentes e acreditamos firmemente em Eugênio Nus, quando ele diz ser impossível a um mortal ordinário chegar ao mesmo resultado, no mesmo tempo. Assim, não sòmente o cérebro não serviria para segregar o pensamento, como o quer a escola materialista, mas ainda embaraça-nos pensar, a acreditarmos nos Espíritos!

AMOR (*)

Centro de paixões mortais, força atrativa dos sexos, elemento da continuação.

BEM

Harmonia do ser, associação das forças passionais de acordo com os destinos.

MAL

Perturbação em os fenômenos, desacordo entre os efeitos e a causa divina.

(*) Em francês todas as definições são em doze palavras. (N. do T.)

RELIGIÃO FUTURA

O Ideal progressivo por dogma, as Artes por culto, a Natureza por igreja.

FILOSOFIA

Jogo de palavras, de dicionário, análise do vácuo, síntese do falso.

A mesa de Eugênio Nus ditou também músicas cujos fragmentos ele dá em seu livro. Extraordinário! E pensar que ninguém tem o direito de duvidar, porque, enfim, Nus é homem honesto e de cérebro bem equilibrado.

Se quiséssemos apenas fazer a análise de escritos espíritas, precisaríamos de muitos volumes. Não será entretanto sem interesse mostrar alguns especímenes dessa literatura, que gravita em torno de nós, e, excetuando os iniciados, a maior parte dos outros a desconhecem. É, fora de dúvida, uma literatura de além-túmulo comparada à literatura moderna, reflexo de nossa vida tão positiva, tão material, tão «naturalista». Abristes alguma vez, por acaso ou por curiosidade, alguns dos jornais espíritas que se publicam para os fiéis e são como um desafio atirado à face do materialismo? Não. Pois bem, se, para nós profanos, poucas coisas interessantes eles encerram, em geral, nessas publicações encontram-se observações curiosas, depois das quais se deve pôr um ponto de interrogação, é verdade, mas tornam o leitor pensativo, por seu tom de sinceridade.

Eis, por exemplo, uma carta escrita aos redatores da «Revue Spirite» de Paris, por um mestre-escola que não parece fazer profissão de Espiritismo: (79)

"Senhores:

Um assinante de *Revue Spirite* emprestou-me o

(79) "Revue Spirite", número de 15 de Janeiro de 1886.

número 16 de 15 de Agosto de 1885, e eu li-o com interesse, especialmente um artigo sob a epígrafe: "Escrita automática". E' a este respeito que tomo a liberdade de dirigir-vos as seguintes notas e vos autorizo a fazer delas o uso que entenderdes.

Em 1854, eu era mestre-escola em uma aldeia de minha comuna natal, Armance (Meurthe). O acaso colocou-me nas mãos o número de uma publicação sobre o Espiritismo. Aquilo me deu que pensar a princípio; depois, inspirou-me o desejo de tentar as experiências cujos detalhes acabara de ler. Mas, apesar de minha vontade e de longa perseverança, não obtive resultado algum; nem mesas nem cadeiras sentiam a minha influência. Tive de renunciar às experiências, convencido de que eu não possuía faculdades mediúnicas.

Nessa época, eu tinha por adjunto um jovem mestre-escola que assistia curiosamente aos meus ensaios, sem tomar parte neles. Quando abandonei a tentativa, veio-lhe o desejo de tentar também fazer a mesa bater ou girar. Sucedeu que este moço era um médium de grande potência; mal tocava em uma cadeira ou mesa, elas estremeciam sob suas mãos. Durante muito tempo ele se servia só de cadeira ou mesa para estabelecer comunicações espíritas por meio de um alfabeto convencional.

Esses exercícios divertiam-nos; sòmente a curiosidade presidia àquilo; não eram experiências que fazíamos, porque em nosso trabalho nada havia de ordenado ou de metódico, era um passatempo que, divertindo-nos, despertava a nossa curiosidade, e nada mais.

Um dia, o meu adjunto e eu refletíamos sobre os inconvenientes apresentados pela transmissão demasiado lenta, por meio de pancadas. Perdia-se tempo e ficava-se exposto a muitos erros. Seria mister, disse Carlos (assim se chamava o meu adjunto), que pudéssemos escrever com uma pena ou lápis como habitualmente o fazemos; e, logo experimentou: tomou um lápis, uma folha de papel e, sùbitamente, ficámos assustados com o resultado: o lápis corre com uma rapidez assombrosa, todas as palavras são escritas legìvelmente, ligam-se pelo mesmo traço de lápis que vai ter à linha, arrastando a mão do médium.

Essa estreia surpreendeu-nos por tal forma que o moço, cheio de terror, atirou o lápis e abalou.

Passou algum tempo sem renovar essa experiência; estava com medo; confessou-me por vezes que se sentia como invadido por um Espírito que o obsidiava, forçando-o a escrever. Não obstante, continuou com os exercícios e entregou-se aos mesmos durante quase um ano; mas acabei por dar-lhe o conselho, que seguiu, de interromper aquele gênero de exercícios, que degenerava em verdadeira obsessão e começava a inquietar-me.

Quantas resmas de papel gastou assim aquele moço; que respostas inesperadas, surpreendentes, pasmosas, foram obtidas; mas também que pilhérias mais ou menos levianas vieram do seu lápis.

Aquela escrita era verdadeiramente *automática*, no sentido de ser obtida independentemente da vontade do médium; este ignorava sempre a resposta ou a frase que ia escrever. Não dormia, e quase sempre seu pensamento estava longe dos fatos produzidos pelo lápis que, incontestàvelmente, era dirigido por uma força e por uma vontade diferentes de sua própria força e de sua própria vontade.

Seja-me permitido lembrar certos fatos.

Um cônego da catedral de Nanci (padre Garo), ouvindo falar dessas revelações surpreendentes, obtidas por meu adjunto, convidou-o para ir a sua casa, indo eu em sua companhia. Achavam-se ali reunidos cinco ou seis padres idosos e respeitáveis.

Entregaram ao moço papel e lápis, convidando-o a responder a certas perguntas contidas em carta fechada, posta sobre a mesa.

Nunca pude saber a natureza das perguntas feitas; mas sei que a primeira resposta assombrou os padres, que se olharam admirados da frase que acabava de ser escrita. Uma resposta foi dada em latim; ora, o moço não tinha a menor noção de latim. O padre Garo e seus amigos só acreditaram isso diante da afirmação formal do médium de ignorar absolutamente aquela língua.

Uma última resposta obtida fêz-nos adivinhar a natureza da pergunta; a resposta foi esta: "Que te importa que a Lua seja habitada ou não; tem no mundo uma missão a cumprir, cumpre-a."

Levantou-se a sessão e partimos deixando completamente pasmos os padres que tinham querido ser testemunhas daquela sessão de Espiritismo.

Carlos tinha deixado a minha escola e desempenhava na de Ville-en-Vermois as funções de mestre adjunto.

Uma quinta-feira, devia ele ir a Saint-Nicolas, a fim de assistir a uma conferência de professores. Era no inverno, e por toda a parte estava o solo coberto de neve. A meio caminho parou a contemplar o panorama que lhe oferecia a neve deslumbrante de alvura, escondendo a terra toda; apoiava-se em sua bengala, quando a sentiu tremer-lhe na mão; deixou-a livre entre os dedos e imediatamente a bengala traçou na neve: "Carlos, teu pai morreu esta manhã, volta para a aldeia e encontrarás *fulano* que vem trazer-te a notícia." O nome estava bem designado.

Essa notícia aterroriza o nosso amigo, mas ele crê nela; volta, e na aldeia a primeira pessoa que encontra é exatamente a que lhe fôra designada, e que lhe comunica, com efeito, que nesse mesmo dia, pela manhã, seu pai caíra de um sótão e morrera.

Mais tarde esse moço foi nomeado chefe de estudos no colégio de Commercy.

Uma quinta-feira acompanhava seus alunos a passeio; era no verão, e fazia calor; uma imprudência perdeu-o. Estando suado, bebeu água fresca e foi descansar à sombra de uma árvore. Voltou para o colégio com febre e morreu seis dias depois.

Na ante-véspera de sua morte, estando de posse de suas faculdades, sentiu sua mão direita agitar-se, compreendeu e pediu ao enfermeiro lápis e papel e, posto que estivesse em estado de grande fraqueza, o lápis traçou vigorosamente estas palavras: "Carlos, prepara-te, depois de amanhã, às 3 horas, morrerás." Ele considerou-se sèriamente advertido, e, com efeito, dois dias depois, às 3 horas, em presença do diretor e de alguns alunos, expirou.

Obtive todos esses detalhes do próprio diretor, que conservara preciosamente a folha de papel onde estavam escritas as palavras citadas.

Que conclusão se pode tirar de todos esses fatos?

Pois bem! seja-me lícito dar aqui a minha opinião sobre o Espiritismo.

Sim, o Espiritismo é real, existe; sim, o homem

é às vezes o médium com cujo auxílio se produzem manifestações do outro mundo: mundo dos Espíritos. Mas qual é a natureza desses Espíritos? Eis para mim a questão insolúvel, e não creio que ela jamais possa ser resolvida.

Li grande número de obras sobre o Espiritismo e confesso nunca ter visto essa questão claramente decidida.

Têm-se obtido, dizem, revelações de alguns grandes homens, guerreiros, oradores, filósofos. Têm-se obtido, dizem, comunicações de alguns membros da família, de um pai, de uma mãe, de um irmão, de uma irmã, etc., etc.

Todas essas asseverações são hipóteses gratuitas, nada, absolutamente nada vindo justificá-las.

Mas certas particularidades íntimas da vida seriam reveladas pela pessoa que dá seu nome? A prova não é probante. Que novidade revelavam os filósofos além das obras que deixaram? Condenaram algumas de suas doutrinas? afirmaram-nas de novo? Onde está a prova de que o filósofo que dá o seu nome é o próprio?

Mas vou fazer ponto, senão isso não acabaria. Tudo que posso dizer, é que o Espiritismo constitui de alguma forma a prova mais irrefragável e tangível contra o materialismo. Não, quando morremos nem tudo morre em nós. Nosso espírito, nossa alma enfim, sobrevive à matéria; porque, se coisa alguma sobrevivesse em nós, essas manifestações espíritas seriam incompreensíveis, não teriam razão de ser, não ocorreriam.

DIDELOT.

Rosières-aux-Salines, Outubro, 1885."

§ IV

Assim, a acreditarmos nele, o Sr. Didelot viu, e muitas testemunhas, entre as quais o padre Garo, cônego de Nanci, viram um moço que não sabia uma palavra de latim, escrever nesta língua! O fato parece-nos inverossímil, mas, afirmado como está, merece examinado quando houver oportunidade. Não temos verificado as coisas mais inesperadas mais inverossímeis no domínio da sugestão, de que falámos em nossa introdução?

Prometemos dizer algumas palavras a respeito dos médiuns, esses seres mais ou menos desequilibrados que, segundo a teoria espírita, servem de instrumentos aos «Espíritos»; pois bem! acabámos de ver na observação precedente um tipo de **médium escrevente automático**.

Há, parece, outras espécies de médiuns escreventes; certos médiuns escrevem, por exemplo, com a mão esquerda, sem que jamais o tivessem praticado, e ao inverso, isto é, que só pode ler-se a escrita assim obtida quando vista em um espelho. Escreve-se ainda de modo diferente, por exemplo: **Sirap** por **Paris**, e esta escrita de mão esquerda e invertida é feita com rapidez superior à escrita normal do «sujet».

Há **médiuns escreventes intuitivos**: estes ouvem «no cérebro» uma voz que dita o que eles escrevem. Os **médiuns auditivos** ouvem pelo ouvido «a voz dos Espíritos», como Joana d'Arc.

Outros, enfim, obtêm a escrita com um pequeno objeto (taça, cesta, régua, etc.), ao qual se adapta um lápis. Foi, segundo parece, o caso do Sr. Timoleon Jaubert, vice-presidente honorário do Tribunal de Carcassonne, Cavalheiro da Legião de Honra, etc. O Sr. Jaubert conquista, com as poesias «que lhe foram ditadas pelos Espíritos», prêmios nos jogos florais de Toulouse. Ignoramos se a fábula seguinte foi premiada; em todo caso ela cheira a heresia, de longe, por sua falta de ortodoxia a respeito do pecado original, e sem dificuldade admitiremos que ela foi ditada pelo diabo em pessoa, a crermos na existência desse decano dos insurgentes. Ei-la:

UN DINDON EN COUR D'ASSISES (80)

(FABLE)

J'ignore en quel pays et par quel malefice
Un dindon figurait devant dame Justice.
Il était là sans peur, sans fier et sans ennui,

Comme s'il s'agissait de tout autre que lui.
Douze graves jurés, chapons à forte tête,
Allaient se prononcer sur le sort de la bête.
Quelques poules sur le retour
Lorgnaient un vieux canard, chef de la haute cour.
Les débats eurent lieu comme à l'ordinaire.
— "Silence! campagnards", — dit un merle en colère;
— "Silence!" — Un perroquet, sur son bâton planté,
Prit la parole au nom de la société.
Il reconnut sans peine, en style de Sorbonne,
— "Que le dindon était l'innocence en personne.
"Mais le premier dindon désobéit aux dieux,
"Et ses fils répondaient de ce crime odieux."
L'orateur s'animait; et, plein de véhémence,
Il noyait les jurés dans des flots d'éloquence.
Dans sa péroration jusqu'au ciel il grimpa.
Je dois vous l'avouer, son discours me frappa.
Le dindon désira se défendre lui-même.
— "On m'accuse — dit-il, ma surprise est extrême.
Le premier des dindons fit mal, assurément;
Mais condamner le fils pour le crime du père
Me semble un mauvais jugement."
L'accusé se tira d'affaire;
Il fut même applaudi, dit-on.
Pour démontrer à tous une chose si claire,
Il avait suffit d'un dindon.

O Sr. Jaubert, autor em segunda mão desta fábula, foi outrora feliz por encontrar um defensor na pessoa de Napoleão III, que era espírita; doutra forma, teria de haver-se com seus superiores do

---

(80) Um peru no tribunal.

Não sei em que terra nem qual foi o delito que levou um peru à presença de dona Justiça. Aí ele não mostrou nem medo, nem rancor, nem desgosto, como se aquilo não fôsse com ele. Doze capões cabeçudos, que eram os jurados, iam pronunciar-se sobre a sorte do bicho. Algumas galinhas maduronas piscavam os olhos ao pato velho que presidia o tribunal. Os debates correram como ordinàriamente.

— "Silêncio! rústicos, bradou um melro encolerizado; silêncio!"

— Um papagaio, empoleirado em um pau, tomou a palavra em nome da sociedade. Ele reconheceu fàcilmente, em estilo da Sorbona, "que o peru era a inocência em pes-

Ministério da Justiça, os quais não viam com bons olhos a mediunidade do Sr. Jaubert.

A maioria dos médiuns pertence à classe dos **médiuns tiptólogos** ou **médiuns de mesa**, isto é, que obtêm comunicações por meio de batimentos dados pela mesa; mas geralmente são fracos médiuns.

Há ainda os médiuns que obtêm a **escrita direta**; estes, porém, são poderosamente dotados. A escrita direta consegue-se de diversas maneiras: ou em papel colocado sob as vistas do observador, ou oculto; este papel cobre-se instantâneamente pela escrita. O Barão de Guldenstubbé (81), médium distinto, publicou uma obra sobre esse assunto.

Outra espécie de **escrita direta** obtém-se com o auxílio de um lápis escrevendo sòzinho em papel ou em ardósia. Estudamos principalmente este último fenômeno. Há ainda os **médiuns videntes** que vêem os Espíritos e descrevem os mesmos de modo a fazê-los reconhecidos pelas pessoas que os evocaram.

A esse respeito, fizemos a um espírita a seguinte pergunta:

— Acaso, depois de mortos, conservamos o nosso rosto, a barba branca, se a tínhamos quando vivos? Os corcundas conservam as suas bossas?

— Não — respondeu-nos ele —; mas os «Es-

---

soa. Mas o Adão dos perus desobedeceu aos deuses, e seus filhos eram responsáveis por aquele crime odioso".

O orador animava-se; e, cheio de veemência, afogava os jurados em ondas de retórica. Na peroração, ele foi sublime. Confesso que seu discurso comoveu-me. O peru teve a palavra para defender-se:

— "Senhores! disse ele, a minha surpresa é extrema por ver-me aqui; o primeiro dos perus procedeu mal, é certo, mas condenarem filhos por crimes dos pais é, com perdão da palavra, uma iniquidade."

O acusado foi absolvido, e dizem que levou palmas.

Para demonstrar a todos uma coisa tão clara foi suficiente um peru.

(81) **Guldenstubbé** — "Pneumatologie positive". Paris, 1873.

píritos» tomam essa aparência para serem reconhecidos por seus parentes ou amigos aos quais o médium vidente descreve o aspecto.

— Mas se os Espíritos tomam a forma que lhes apraz, quem nos prova ser o «Espírito» anunciado aquele ao qual se parece?

— Porque havia ele de enganar-nos? — disse-nos o contraditor.

Esse raciocínio não nos convenceu completamente.

Existe também uma categoria de médiuns denominados **médiuns de incorporação**. Mas neste ponto precisamos mais que nunca apelar para a benevolência do leitor, lembrando-lhe que somos simples historiógrafo, expondo sem nada inventar. Entramos, com efeito, em plena «possessão», porque essas **incorporações** são o que a Idade Média designava por este nome. Toda a diferença consiste em que a possesão, em vez de ser feita por Belzebu e seus acólitos, o é pelos «Espíritos», que têm a amabilidade de sair sem que seja necessário recorrer ao arsenal dos exorcismos e sortilégios.

Vimos alguns desses médiuns esperando a vinda do «Espírito», como as pitonisas esperavam a do deus inspirador de seus oráculos. Após algum tempo, o médium sofre um movimento oscilatório como em torno de um eixo vertical; de repente, ele experimenta uma convulsão rude, e ei-lo transfigurado!

Vimos homens que falavam como mulheres e mulheres que falavam como homens. Assistimos a cenas desagradáveis, e vimos outras ridículas; os que as representam seriam bem miseráveis se não fôssem bem convictos. Serão eles dignos de lástima?...

Se homens, diante de cuja autoridade científica nos curvamos, não tivessem estudado fatos semelhantes que relataram como observadores conscienciosos, não duvidaríamos concluir que todas aquelas personagens são alucinadas; mas, como explicar-se por alucinação quando um sábio da estatura de Russel Wallace vem confirmar uma observação do gênero da que reproduzimos em seguida, e que foi feita por seu amigo Serjeant Cox, jurisconsulto e filósofo eminente da Grã-Bretanha? Eis a narração de Serjeant Cox, confirmada pelo naturalista Russel Wallace:

«Ouvi um caixeiro, sem educação, sustentar, quando estava em **transe**, (82) uma conversação com um grupo de filósofos sobre a razão, a presciência, a vontade e a fatalidade, fazendo-lhes frente. Propus-lhe as mais difíceis questões de psicologia, e recebi respostas sempre sensatas, sempre lógicas, e invariàvelmente enunciadas em linguagem escolhida e elegante. Entretanto, quinze minutos depois, quando ele voltava ao seu estado natural, tornava-se incapaz de responder à mais simples questão sobre assunto filosófico, e difìcilmente conseguia linguagem suficiente para exprimir as ideias mais vulgares.»

Ignoramos como esse fato poderia ser explicado de maneira satisfatória com o auxílio do que sabemos em Fisiologia. Os sagazes, que fazem as coisas no ar, dirão com certeza: ou o caixeiro era um grande filósofo a zombar daqueles senhores, e então estes seriam uns imbecis; ou então Wallace e Cox são impostores e, nesse caso, devemos dizer o mesmo de Charcot, Luys, Dumont-Pallier, Bernheim, Liébault e **tutti quanti**, quando eles nos mostram as páginas novas do capítulo da sugestão e do hipnotismo, capítulo pertencente ao mesmo livro em que estamos agora trabalhando. Em vez de invocar a imbecilidade ou a impostura, preferi-

---

(82) **Intranxed.** E' o estado particular em que se acham os "médiuns de incorporação" em seus acessos de possessão, estado sem analogia com outro qualquer dos casos nervosos patológicos que conhecemos. Em nossas experiências pessoais fizemos a respeito desta manifestação, denominada espírita, observações curiosas, que daremos mais longe.

mos concluir que novas funções do sistema nervoso oferecem-se ao nosso estudo, e que é nosso dever não deixar escapar de nossas mãos o escalpelo do experimentador, sob pena de cair ele em mãos indignas.

Distinguem-se muitas outras espécies de médiuns sobre os quais não queremos insistir, tais como os **médiuns inspirados, sonâmbulos, curadores, pintores, desenhadores, músicos,** etc., etc. Em resumo; os médiuns dividem-se em duas grandes classes: médiuns de efeitos físicos e médiuns de efeitos intelectuais. Não terminaremos esta curta notícia a respeito dos médiuns, sem algumas palavras sobre certos efeitos de aparições, não sòmente visíveis mas tangíveis — a crer-se nos narradores —, aparições obtidas por alguns indivíduos dotados dessa força particular denominada mediúnica. Não falaríamos de tais fenômenos, ainda mais inverossímeis que todos os outros, se os mesmos sábios aos quais fizemos alusão não referissem fatos semelhantes, observados com todas as precauções científicas possíveis.

Eis ainda um artigo-carta, que extraímos de um dos jornais espíritas franceses mais lidos, onde está descrita uma sessão de «materialização de Espíritos», e que pode servir de tipo a todas as histórias semelhantes que podem ser lidas nos jornais especiais. Essa carta é dirigida por seu autor ao diretor da «Revue Spirite», que a publicou sob o título de «Fenomenalidade espírita em Nova Iorque»:

"Continuo ainda a bordo da *Flora*, surta no porto de Nova Iorque, de onde escrevi ao *Banner of Light*, pedindo-lhe o endereço de um médium notável; este jornal recomendou-me ao Sr. Henri Lacroix, 16, Clinton Place, Nova Iorque, (83) espírita muito prestativo e muito amável, bem conhecido em Paris, que me con-

(83) Informaram-nos que o Sr. Lacroix é um honrado oficial canadiano reformado.

duziu a casa do Sr. e da Sra. Caffray, médiuns de materializações. Ia pois julgar, *de visu*, esses fenômenos, submetendo-os a uma investigação séria, a minha, com a qual muito conto.

Estávamos catorze pessoas presentes a essa sessão, que se deu em uma grande sala simplesmente ornada, tendo por móveis a arca do médium sobre a qual ele se senta durante as experiências, dois canapés, uma caixa de música, dois bandolins, dois pandeiros e outras tantas campainhas; uma mesinha encerada, um guarda-sol chinês suspenso oblìquamente pela haste à parede oposta àquela em que estava encostada a arca. Atrás do guarda-sol, havia uma lâmpada movida por mecanismo de básculo, acionada pelo mais leve movimento, e destinada a tornar a luz mais ou menos intensa através do tecido tênue do guarda-sol. Os Espíritos movem o mecanismo.

Quatro globos de gás estavam pendurados do centro do teto. Apalpei todas as coisas com cuidado e minudência; observei que as pessoas presentes eram sérias, de idade madura, de exterior distinto, e fiquei convencido, após longa inspecção, que não podia haver trapaça, reservando-me a submeter tudo ao exame da razão.

Dispusemo-nos em círculo, dando as mãos uns aos outros, inclusive o médium, para a sessão escura, porque se apagou o gás; os instrumentos tocaram juntos em cadência, transportados no espaço, roçando as paredes da sala, correndo em torno de nós, colocando-se sobre nossas cabeças, etc.; apareceu uma bola luminosa no meio do círculo, e mãos nos bateram nos joelhos; tendo-se acendido o gás, vimos todos os instrumentos em seus lugares primitivos, bem como os assistentes. Para agitar todos os instrumentos, transportá-los com tão grande rapidez do solo ao teto, que era bem elevado, e produzir a bola luminosa, teria sido necessário o trabalho de oito pessoas, sem rumor de passos; e seria mister que essas pessoas não se encontrassem na obscuridade.

Para a escrita direta em plena luz, o Sr. Caffray apresentou-me duas ardósias emolduradas em quadros de pinho, uma esponja e água; marinheiro por hábito, molhei meu dedo nessa água, que provei, achando-a pura e natural: limpei com cuidado as duas faces das ardósias: elas eram simples, verifiquei-o; pusemos-lhe em cima dois lápis de ardósia e cobrimos uma com a outra; com mais duas pessoas, colocámos as nossas mãos sobre as referidas ardósias, e, depois de alguns segundos, o ranger do lápis foi ouvido; o Sr. Caffray colocou no chão as ardósias e escutou-se o barulho perfeitamente, como se elas estivessem encostadas aos nossos ouvidos. Abri essas ardósias com precaução, a fim de certificar-me de que não havia mistificação, e sobre ambas, em todos os sentidos, havia para cada um de nós comunicações de Espíritos conhecidos.

Para a sessão de materialização, a lâmpada posta atrás do guarda-sol foi acesa e apagaram-se os bicos de gás; colocámo-nos em meia lua, dando a frente para a arca em que se sentou a Sra. Caffray; seu marido estava no meio de nós. A luz amorteceu atrás do guarda-sol, indício da presença das forças invisíveis que a graduavam. Mãos exercitadas e impalpáveis deram corda à caixa de música e a aparição de uma mulher de baixa estatura, inferior à do médium, mostrou-se vestida de branco; saindo da arca onde se conservava o médium, ela caminhou até ao meio do círculo, e aí desapareceu, depois de saudar-nos; a luz, que se modificava, era às vezes bastante intensa para distinguir-se a cor dos olhos, do rosto, dos cabelos dos assistentes e das aparições, bem como a alvura de seus dentes; e sempre iluminava quanto era preciso para não perdermos de vista nem a arca onde se achava o médium, nem os movimentos dos espectadores. Outro Espírito, maior que o primeiro, dirigiu-se a uma senhora sentada perto de nós, beijou-a e conversou com ela; era uma filha falecida dessa senhora; encaminhou-se para a médium e desapareceu. Um moço apresentou-se, com roupa cinzenta, caminhou na direção de seu pai, presente entre nós; depois, dissolveu-se para dar lugar a outros. O Sr. Lacroix teve a materialização de seu irmão, depois de sua mulher, que me apertou a mão; fiquei muito emocionado e surpreendido encarando aquele rosto branco, humano e cuja mão, que apertava a minha, era fria e húmida; ela trocou algumas palavras com seu marido, disse-me *Good bye*, e retirou-se para desaparecer.

Um Espírito mostrou-nos como ele se materializava; vimos um ponto branco muito pequeno, que aumentou pouco a pouco, e atingiu o tamanho de um lenço comum; um sopro agitou-o, ergueu-o pelo meio, alargou-o dando-lhe a dimensão de um véu muito grande; este véu subiu, e, por debaixo dele, mostrou-se uma mulher que começou a falar-nos e deu-nos flores naturais rescendendo suaves perfumes. Em seguida, ela desmaterializou-se assim: seus vestidos e seu véu caíram por terra em pedaços destacados claramente, reduziram-se a um véu do tamanho de duas mãos, que se tornou um ponto imperceptível; enfim, tudo desapareceu.

Seis senhoras ou senhoritas, quatro homens, três meninos e um índio nos apareceram nessa sessão, ofereceram-nos ramalhetes e flores trazidas dos campos, dos jardins, segundo disseram os assistentes, ou fabricadas por esses seres estranhos; essas flores reais ficaram-nos nas mãos. Uma força invisível dava corda à caixa de música e graduava constantemente a luz; eu tinha inspecionado de antemão o soalho, a arca, cada móvel da sala; as portas que eu observava nunca foram abertas, e aliás tenho boa vista; moço e robusto, nada crédulo, investigador, tenho tanta certeza, quanta é possível ter-se de que aquilo não era o efeito de uma trapaça, e bem assim todos os assistentes viam o que meu tato, meus ouvidos e meus olhos verificavam ser a realidade.

O Sr. Caffray, médium, é um homem de trinta anos; sua mulher, que possui tão bela faculdade, tem vinte e cinco anos; ambos parecem cheios de franqueza, e em suas fisionomias denotam a seriedade de pessoas que não exercem simplesmente um ofício.

A. TEYNAC, Blésinac (Gironde)."

CAPÍTULO VIII

DAS FRAUDES EM MATÉRIA DE ESPIRITISMO

§ I

Como já tivemos ocasião de dizê-lo, não há matéria que tanto se preste à fraude como a de que nos estamos ocupando. O próprio Allan Kardec estigmatizou, em seu «O Livro dos Médiuns», os artifícios dos charlatães e dos escamoteadores que pretendem macaquear os fenômenos espíritas. Depois de fulminar os médiuns mercenários que exploram a sua faculdade e exorbitam, por interesse pecuniário, quando essa faculdade cessa de manifestar-se (porque ela é sujeita a flutuações), Allan Kardec declara-se indiferente aos ódios que provocarem as suas revelações sobre os mercadores do templo espírita, e consola-se modestamente pensando que «os mercadores expulsos do templo por Jesus não deviam olhá-lo com bons olhos».

As farsas representadas, com o Espiritismo por pretexto, são inúmeras. Dizem que o vulgo será sempre enganado; primeiro, porque ele o quer: **vulgus vult decipi!** O gênero humano será sempre composto, neste mundo pelo menos, de homens que nunca se contentarão com a verdade verdadeira; precisam de uma verdade vestida por seus alfaiates. Quem quiser fazer uma ideia disso, basta assistir passivamente a algumas sessões íntimas de diferentes círculos espíritas dispondo de médiuns mais ou menos fortes. Esses círculos são compostos de indivíduos de **todas as classes**. Algum pequeno incidente produziu-se? a mesa estalou? uma dama supõe-se tocada em qualquer parte do corpo? dá-se logo um faniquito, chora-se de gozo e escuta-se a voz discreta de uma pessoa comovida repassada de unção: «Ah! obrigado, caro Espírito!»

E' fácil compreender-se que os homens sérios experimentem repugnância em ocupar-se de fenômenos que exigem o trabalho de limpá-los de uma ganga espessa de credulidade beata. Ainda é mais fácil conceber-se o incentivo que semelhante público pode oferecer aos fabricantes de milagres em casa. Por isso, as escamoteações de sortes infantis devem ser executadas com toda a segurança entre essa gente, onde deixam o taumaturgo ou o evocador operar no escuro, em seu próprio aposento, enquanto os assistentes seguram uns nas mãos dos outros cantando coplas de gosto mais ou menos duvidoso, a título de favorecer a determinação do fenômeno!

Contaram-nos pessoas dignas de fé que nos Estados Unidos vendem-se «penas mediúnicas», a fim de qualquer obter por si mesmo a **escrita automática**! Não há ninguém como o norte-americano para saber industrializar tudo.

Entre as fraudes estrondosas cujos autores foram pilhados em flagrante delito, algumas exploraram os parisienses, que ainda se lembram delas. Em primeira linha pode ser citada a aventura dos irmãos Davenport que, apresentando-se como médiuns, davam sessões particulares e, ensoberbecidos por seus êxitos, ousaram mostrar-se perante o grande público. O dia de sua derrota foi marcado por grande tumulto que ocorreu na Sala Hertz, em meados de Setembro de 1865, e que uma testemunha ocular refere, nos seguintes termos, em um jornal da época («Le Pays»):

"Assistimos ante-ontem à noite à primeira sessão pública dada na Sala Hertz pelos irmãos Davenport, e o respeito à verdade manda-nos dizer que jamais assistimos a um fiasco mais completo; resumiremos em algumas palavras as fases principais dessa noite desagradável e tumultuosa:

Depois de um anúncio muito longo e um pouco difuso, feito por um empresário cujo nome ignoramos, apareceram os irmãos Davenport e foram sentar-se em seu misterioso gabinete colocado no meio do estrado. Tratava-se de amarrá-los. Dois jovens que, segundo nos disseram, faziam parte da orquestra, ofereceram-se para essa incumbência; mas o público unânimemente protestou com energia.

O Sr. Conde de Clary, e o Sr. Henri de Pene, redator-chefe da *Gazette des Etrangers*, foram incumbidos da inspecção do armário e de examinar de perto as experiências. Depois deles subiu ao estrado o Sr. Duchemin, engenheiro, que examinou atentamente as disposições do gabinete, e amarrou sòlidamente os irmãos Davenport.

— Senhores — disse ele ao terminar — declaro ser impossível desamarrar os nós que acabo de dar. Seria mister para isso um instrumento cortante. (Aplausos prolongados.)

Fecham-se as portas do gabinete, apaga-se o gás (no estrado sòmente) e nenhum fenômeno se produz; os instrumentos de música que rodeiam os médiuns permanecem perfeitamente mudos. Escutam-se murmúrios, depois gritos, assobios, interpelações. Enfim, depois de longa espera, reabrem-se as portas do gabinete, e vê-se um dos irmãos Davenport desamarrado. A corda que o prendia está a seus pés.

— Isso não é possível! — exclama o Sr. Duchemin, que havia retomado seu lugar. — Quero ver a corda.

Esta lhe foi entregue em seguida, e ele declara que não é a mesma. Gritos, pateadas, vociferações. O tumulto chegou ao cúmulo.

As portas tornam a fechar-se, e, depois de muito tempo, o segundo irmão desamarra-se por sua vez. Ele sai do gabinete no meio de um barulho sem nome.

O empresário anuncia, por meio de pantomima desesperada, que desejaria dizer alguma coisa. Restabelece-se o silêncio.

— Meus senhores — diz ele — os irmãos Davenport vão amarrar-se a si mesmos. (Explosão de risos irônicos; redobra o barulho; todos se levantam.)

Entretanto, os irmãos Davenport tornam a entrar em seu gabinete; fecham-se as portas, e logo eles se mostram amarrados em seus assentos. Então um cavalheiro sobe ao estrado, aproxima-se do gabinete, e segurando a travessa de madeira em torno da qual se enrolam as cordas:

— Vêde, senhores! — exclama ele — eis o embuste: esta travessa é móvel.

E retirando-a fàcilmente de suas ranhuras expõe-na ao público, fazendo cair as cordas.

Esta descoberta é o sinal de uma verdadeira derrota. Sessenta a oitenta pessoas precipitam-se sobre o estrado; gritam, assobiam, trepam aos bancos. E' um tumulto sem igual, nem no Lazary nem no Odeon.

Em vez de protestarem contra essa descoberta, em vez de mostrarem que a travessa da outra portinhola era fixa e que sòmente um esforço violento conseguiu arrancar a da direita, os irmãos Davenport fugiram, abandonando o armário e o estrado.

O tumulto cresceu mais; a multidão invade de todos os lados o estrado. Agentes de polícia, em número de cinco ou seis, esforçam-se, debalde, por conter a ordem. Enfim, o Comissário de Polícia aparece e declara, no meio da confusão, estas palavras consoladoras:

— Senhores, vão restituir o vosso dinheiro.

E' efetivamente o que sucede. Todos os espectadores foram receber a importância de suas entradas.

Tal é o resumo rápido, mas exato, desta sessão que, segundo dizia muita gente, devia ser uma revelação, e que não passou infelizmente de uma mistificação."

Uma descoberta escandalosa como aquela não era de natureza a animar os negócios da espiritomania, e muitas pessoas sentiram esfriar o seu zelo ou aumentar as suas dúvidas. Em resumo, a aventura produziu uma grande prevenção contra o Espiritismo.

§ II

Começavam a esquecer-se dos irmãos Davenport, quando, em 1875, no governo do Marechal de Mac-Mahon, outro grande golpe foi vibrado no Espiritismo. Queremos falar do processo Buguet. Dizem que a este processo não foi estranha a influência clerical, que se propunha a aniquilar um concorrente incômodo, em expectativa, mas que, apesar de tudo, está gozando boa saúde até agora.

O Dr. Huguet, que serviu de testemunha nessa causa, escreveu uma brochura onde cita, do discurso de defesa do advogado (o Sr. Craquelin), uma frase severíssima, verdadeira bofetada aplicada em faces que não eram as de Buguet. O Sr. Craquelin pronunciou as palavras seguintes, que seriam muito graves, se não fôssem pronunciadas na barra do Tribunal: «Fora deste recinto, pois dizem que ele se vendeu!»

Sabemos o que se passou: Buguet pretendia fotografar, ao mesmo tempo que aos seus clientes, um Espírito que ele evocava. O Espírito aparecia por detrás da fotografia natural sob uma forma mais ou menos nebulosa. A Justiça interveio, Buguet foi perseguido e seus instrumentos apreendidos. Diante do Tribunal foram expostas as peças de convicção: bonecas, manequins, etc.; Buguet confessou quanto quiseram: nunca se viu acusado tão dócil! Adeptos (dos mais distintos) iludidos, dizem, pelo hábil fotógrafo, persistiram, não obstante, em sua fé nas fotografias-fantasmas, declarando reconhecer nelas tal ou qual pessoa falecida de suas famílias.

A sentença dada nesse processo feriu, ao mesmo tempo que Buguet, o Sr. Leymarie, gerente da «Revue Spirite». Parecia que era este último o alvo visado nessa questão.

Na opinião dos espíritas, o Sr. Leymarie é um mártir de sua fé. Eis o que as perseguições invariàvelmente conseguem. Seja como for, o Dr. Huguet, que seguira de perto as experiências de Buguet, disse no Tribunal: «Longe de acreditarmos na sua conivência com o Sr. Buguet, o Sr. Leymarie pareceu-nos sempre investigar se Buguet empregava algum estratagema a fim de desmascará-lo»; e em sua brochura, (84) diz ainda: «Que o Sr. Leymarie tenha sido enganado por Buguet, é evidente, pela declaração do próprio Buguet. Mas que o Sr. Leymarie tivesse conhecido a fraude e a tivesse animado, em vez de desmascará-la, é coisa em que não acreditamos. Não pode existir solidariedade entre Leymarie enganado por Buguet e Buguet enganando Leymarie».

A luz ainda não se fêz relativamente a esse processo.

A prova de uma trapaça não nos surpreenderia; já o dissemos, pois o assunto desgraçadamente se presta bem a isso. Mas, que provam as fraudes? Não tem a Medicina seus charlatães, a Ciência falsos devotos, o Banco de França falsificadores que imitam os seus bilhetes? O fato de ser imitado um fenômeno destrói este fenômeno?

Não podemos deduzir de algumas fraudes que haja fraude sempre e em tudo.

Mas devemos ser desconfiados.

---

(84) **Dr. Huguet** — "Spiritomanes e Spiritophobes"; "Etudes sur le Spiritisme". Paris, 1875.

Segunda parte

CAPÍTULO I

OPINIÃO DOS SÁBIOS SOBRE OS FATOS ESPÍRITAS

§ I

Enquanto se espalhavam pelo mundo civilizado essas práticas de nova magia (nome que davam ao Espiritismo), que pensavam a seu respeito os sábios?

Vimos na América homens distintos aceitando a fenomenalidade quando ainda não admitiam as teorias do **Modern spiritualism**, enquanto outros se mantinham em prudente reserva ou criticaram com mais ou menos vivacidade. Em França o Espiritismo não encontrou no seio das sociedades sábias, ou pelo menos da Academia de Ciências, nada senão o desprezo.

Passamos a expor sem demora o que disseram, sobre essa questão, cirurgiões eminentes, pertencentes àquele grêmio; mas é a contragosto que poremos em paralelo o método seguido pelos sábios — que só viram nos fenômenos espíritas o efeito de trapaças — com o de seus colegas favoráveis, pelo contrário, à realidade dos mesmos fenômenos. Os primeiros, como veremos, examinaram superficialmente e concluíram com precipitação; ao contrário seus contraditores só deram opinião depois de examinarem longamente, escrupulosamente, repetidas vezes, seguindo o método usado nas investigações das ciências naturais. Como devia suceder, os últimos foram escarnecidos pelos primeiros; mas é bom dizer-se que muita gente já não se ri dessas coisas, e que, no mundo dos investigadores, todos os que leram as peças do processo (não falamos dos que viram os fatos, tomem nota), todos os que leram as peças do processo ficaram realmente perplexos. Hoje cada qual quer ver, e podemos dizer, na verdade, que basta olhar para certificar-se de que a Academia de Ciências fêz mal outrora deixando escapar a ocasião de estudar um dos fatos que interessam em mais alto grau aos conhecimentos humanos. E dizendo isso, diz-nos a consciência que estamos ao lado da sabedoria quando ela nos ensina que devemos primeiro aprender a conhecer-nos a nós mesmos.

Se os fenômenos atribuídos ao Espiritismo são falsos, é mister explicar-se como tão grande número de indivíduos (entre os quais se encontram alguns sensatos) perderam e perdem ainda o tempo tentando fazer mover e falar as mesas, por exemplo. Já é um ponto de estudo de nós mesmos bastante curioso em si. Se os movimentos ou outras manifestações são o produto da ilusão ou de uma fraude inconsciente, o estudo torna-se interessante. Mas, que devemos pensar se os fatos são tais como são contados?

§ II

O golpe mais sério que se deu no Espiritismo foi o dos médiuns pilhados «com a mão dentro do saco». Mas não vemos exame sério nem uma discussão do mínimo valor na comunicação feita em 18 de Abril de 1859, à Academia de Ciências, por Jobert de Lamballe, bem como nas observações de Velpeau, Cloquet, e do fisiologista Schiff. O leitor que julgue: damos este documento, a título de curiosidade.

"RESUMO DAS SESSÕES DA ACADEMIA DE CIÊNCIAS

SESSÃO DE SEGUNDA-FEIRA, 18 DE ABRIL DE 1859, SOB A PRESIDÊNCIA DO SR. DE SARMONT

Memórias e comunicações dos membros e correspondentes da Academia

CIRURGIA E FILOSOFIA — *Da contração rítmica muscular involuntária e da ação muscular voluntária: contração involuntária do curto peroneal lateral direito:* pelo Sr. Jobert de Lamballe.

"Um fato curioso por mais de um título pareceu-me digno de ser exposto à Academia. Trata-se de uma lesão muscular que interessa ao mesmo tempo a Fisiologia e a Patologia.

Todos ficarão impressionados pela singular analogia existente entre os fenômenos puramente físicos que observei e certas manobras de prestidigitação que abalavam vivamente a curiosidade pública nestes últimos anos.

A Srta. X., de catorze anos, forte, bem constituída, está afetada, há seis anos, de movimentos involuntários regulares do músculo curto peroneal lateral direito.

Esta moça, no curso de sua vida, jamais experimentou moléstia séria; apenas referem que ela teve uma afecção da pele, à qual atribuem um certo papel na moléstia de que tratamos. Mas isso é hipótese puramente gratuita, e quando muito podemos ligar-lhe a origem a um resfriamento que, durante a noite, teria influído sobre o músculo e os nervos da região lesada. Nosso estimável confrade, Sr. Léveillé de Quintin, apesar do seu talento de observador, e se bem que tenha acompanhado a doença em todos os seus desenvolvimentos, debalde procurou explicação mais satisfatória.

Esta moléstia é caracterizada por batimentos que são ouvidos atrás do maléolo externo direito e oferecem a regularidade do pulso. Declararam-se pela primeira vez, na perna direita, durante a noite, ao mesmo tempo que uma dor bastante viva.

Foi pouco tempo depois que o curto peroneal lateral esquerdo foi atacado de afecção da mesma natureza, mas de menor intensidade.

O efeito desses batimentos é provocar a dor, produzir hesitação no andar e até determinar quedas.

A jovem doente declara-nos que a extensão do pé e a compressão exercida sobre certos pontos do pé e da perna bastam para detê-los; mas que continua a sentir dor e fadiga no membro.

As sanguessugas, os calmantes, os derivativos, a compressão exercida com o esparadrapo e com a flanela, apenas moderam momentâneamente os batimentos sem fazê-los cessar. As águas minerais não produzem efeito.

Quando essa interessante doente se nos apresentou, eis o estado em que a encontrámos:

Ao nível do maléolo externo dirèito, era fácil verificar-se, para o bordo superior dessa saliência óssea, um batimento regular, acompanhado de uma saliência passageira e de uma elevação das partes moles dessa região, que eram seguidos de um ruído seco consecutivo a cada contração muscular.

Esse ruído fazia-se ouvir no leito, fora do leito, a distância bastante considerável do lugar em que repousava a moça. Notável por sua regularidade e intensidade, o ruído a seguia por toda a parte.

Aplicando-se o ouvido sobre a perna, pé ou maléolo, distinguia-se um choque incômodo que ganhava todo o comprimento do trajeto percorrido pelo músculo, absolutamente como uma pancada que fôsse transmitida de uma a outra extremidade de uma viga.

O ruído assemelhava-se às vezes a uma esfregadura, a uma raspagem, e isso quando as contrações ofereciam menos intensidade.

Esses mesmos fenômenos reproduziram-se sempre, quer a doente estivesse de pé, sentada ou deitada, qualquer que fôsse a hora do dia ou da noite em que a examinássemos.

Se estudarmos agora o mecanismo dos batimentos produzidos e se, para maior clareza, decompusermos cada batimento em dois tempos, veremos:

Que no primeiro tempo o tendão do curto peroneal lateral se desloca, saindo da goteira, e necessàriamente levantando o longo peroneal lateral e a pele;

Que no segundo tempo, realizado o fenômeno de contração, seu tendão afrouxa-se, retoma seu lugar na goteira e produz, batendo nela, o ruído seco e sonoro de que falámos.

Renovava-se, por assim dizer, a cada segundo, e de cada vez o pequeno artelho experimentava um abalo e a pele que cobre o quinto metartássico era levantada pelo tendão.

Isso cessava quando o pé estava estendido. Cessava ainda quando se exercia pressão sobre os músculos ou sobre a bainha dos perôneos.

Essa contração regular, seguida de ruído igualmente regular, não pode ser comparada nem ao espasmo muscular, nem à contração permanente ou intermitente, nem às contrações desordenadas e dolorosas que se observam quando inflamações se avizinham dos músculos, atingem o nevrilema ou resultam de irritação das fibras musculares por esquírolas.

Não pode, pois, proceder senão de perturbação funcional residindo no músculo e seus nervos.

Podemos atribuí-la a uma anomalia da bainha? Semelhante opinião não é admissível em presença do fato que estudamos, quando refletimos sobre a época de sua aparição e no resultado obtido pela secção muscular. Ela não é necessária para explicar movimentos involuntários, como não o é para explicar outros de que falaremos mais tarde e que podem ser produzidos sob a influência da vontade e de exercício demorado.

Nesses últimos anos, os jornais franceses e estrangeiros falaram muito de ruídos semelhantes a *pancadas de martelo*, ora sucedendo-se regularmente, ora afetando um ritmo particular, que se produziam em torno de certas pessoas deitadas na cama.

Os charlatães apoderaram-se desses fenômenos singulares, cuja realidade está atestada por pessoas dignas de fé. Tentaram relacioná-los à intervenção de uma causa sobrenatural e serviram-se deles para explorar a credulidade pública.

A observação da Srta. X. mostra como, sob a influência da contração muscular, os tendões deslocados podem, no momento em que caem em suas goteiras ósseas, produzir batimentos que, para certas pessoas, anunciam a presença dos Espíritos batedores.

Resta-nos mostrar que, exercitando-se, todo homem pode adquirir a faculdade de produzir à vontade semelhantes deslocamentos dos tendões e batimentos secos que se escutam a distância.

A América do Norte é o país que os Espíritos batedores escolheram para principal teatro de suas proezas, e os jornais estão repletos das maravilhas que eles operam.

Mas encontraram um adversário sério e um observador sagaz na pessoa do Sr. Schiff.

Repelindo toda ideia de intervenção sobrenatural e observando que esses batimentos e ruídos estranhos ocorriam sempre ao pé do leito dos indivíduos agitados pelos Espíritos, o Sr. Schiff perguntou a si mesmo se a sede desses ruídos não estava neles, em vez de estar fora deles. Seus conhecimentos anatômicos levaram-no a pensar que bem podia ser na perna, na região peroneal uma superfície óssea dos tendões e uma ranhura comum.

Estando bem assente em seu espírito esse modo de ver, fêz ele experiências e ensaios sobre si mesmo, os quais não lhe permitiram duvidar que o ruído tivesse sua sede atrás do maléolo externo e na goteira dos tendões peroneais.

Depressa o Sr. Schiff conseguiu executar ruídos voluntários, regulares, harmônicos, e pôde, diante de muitas pessoas (uns cinquenta assistentes), imitar os prodígios dos Espíritos batedores, com ou sem calçado, de pé ou deitado.

Enquanto ele executava esses movimentos, um espectador, com a mão colocada sobre o maléolo, podia reconhecer e sentir os saltos do tendão para diante e para trás. Segundo o Sr. Schiff o tendão que produzia semelhantes e tão incríveis resultados era o longo peroneal. Ele admite também que esse ruído só é possível quando a bainha está adelgaçada ou ausente, e que o ruído é tanto mais intenso quanto mais estendido e mais fixo estiver o pé. Nesse ponto não podemos compartilhar do seu modo de ver, porque resulta, ao contrário, das nossas observações que a extensão do pé o faz desaparecer completamente.

Em resumo, o Sr. Schiff estabelece que todos esses ruídos têm por origem o tendão do longo peroneal quando passa na goteira peroneal, e acrescenta que eles coexistem com um adelgaçamento ou ausência da bainha comum ao longo e ao curto peroneais.

De acordo com ele quanto à sede do ruído e sua causa, não adotamos entretanto todos os pontos de sua teoria. Algumas de suas explicações parecem-nos insuficientes e pouco em relação com as disposições anatômicas.

Nós admitimos em primeiro lugar que todos estes batimentos sejam produzidos pela queda de um tendão na superfície óssea peroneal; mas pensamos não haver necessidade de anomalia da bainha para explicá-los. Quanto a nós, basta a contração do músculo, o deslocamento do tendão e sua volta à goteira para que o ruído surja.

Quanto mais examinamos com atenção os fenômenos experimentados pela nossa jovem doente, mais nos convencemos disso. Não observamos, com efeito, pulo nem salto dos tendões peroneais; mas vimos um levantamento da pele que cobre o quinto metartássico, e uma posição anômala do dedo sobre o dorso do pé, provocados pela ação do curto peroneal lateral que envia frequentemente um tendão à primeira falange. O ruído que seguia esse fenômeno de levantamento da pele fazia-se ouvir atrás do maléolo, e depois no pé ao alto da perna. Resultava evidentemente da contração de um músculo, do deslocamento de um tendão e da percussão deste de encontro à goteira óssea peroneal.

Tivemos todas as facilidades de estudar esse ruído, quanto à sua origem e mecanismo. Não podemos duvidar um instante de sua sede que tinha lugar atrás do maléolo externo, na goteira comum ao longo e ao curto peroneais laterais, e não nas bainhas separadas que atravessam as porções tendinosas desses músculos. Aí o ruído é intenso e vai perdendo sua força para as duas extremidades opostas do pé e da perna.

Apesar de todo o cuidado que pusemos em estudar a sua direção e as suas gradações, não nos foi possível descobri-lo no trajeto do longo peroneal à perna e à planta do pé. Mas sempre pudemos reconhecer que se propagava na extensão do curto peroneal e no sentido do perôneo.

O curto peroneal sòzinho é o agente do ruído em questão, e se o fenômeno não pudesse ser diretamente estudado, a simples inspeção da bainha e dos tendões levaria à mesma conclusão.

O curto peroneal nada deixa a desejar relativamente à sua situação e direção para explicação dos resultados observados.

1º — O músculo curto peroneal lateral afeta uma direção mais reta do que o longo peroneal, que sofre desvios em seu trajeto.

2º — O curto peroneal é profundamente situado na goteira, e o longo, ao contrário, é completamente coberto pela bainha aponevrótica e a pele.

3º — O curto peroneal cobre completamente a goteira óssea, donde é natural concluir-se que o ruído produz-se pelo choque desse tendão sobre as partes sólidas da goteira.

4º — O músculo curto peroneal apresenta fibras musculares até à entrada do tendão na goteira comum, e sucede o contrário com o longo peroneal.

Não é claro que o primeiro deve ter uma ação muscular poderosa e muito superior à do segundo?

5º — Enfim, se estudarmos o próprio ruído, e se examinarmos o membro enquanto ocorrem os batimentos, ficará confirmado o nosso modo de ver:

1º — Pela direção do ruído;

2º — Pela transmissão do movimento e do batimento até ao quinto metartássico e ao dedo pequeno, que se move pela ação do tendão;

3º — Pelo fato da cessação do ruído, quando se comprime a extremidade tendinosa do músculo no ponto de sua inserção com o quinto metartássico ou quando se comprime levemente esse músculo ao lado externo do perôneo.

O ruído, dissemos, é variável em sua intensidade, e podemos, com efeito, distinguir nele diversas gradações. E' assim que, desde o ruído estrepitoso distinguível ao longe, encontram-se vários ruídos, de esfregação, de serra, etc.

Podemos concluir do que precede que essas intervenções misteriosas ou sobrenaturais, tão fàcilmente adotadas pela ignorância, e tantas vezes exploradas pelo charlatanismo, desvanecem-se diante dos fatos e da apreciação dos fenômenos fisiológicos.

Uma palavra basta-nos para concluir a história da nossa doente. Praticámos sucessivamente, pelo método subcutâneo, incisões através do corpo do curto peroneal lateral direito e do corpo do mesmo músculo do lado esquerdo, e mantivemos em imobilidade os membros com auxílio de um aparelho. A reunião operou-se, e a doente recuperou as funções de ambos os membros sem conservar nenhum vestígio dessa singular e rara afecção."

Observações do Sr. Velpeau

"Os ruídos de que o Sr. Jobert acaba de tratar em sua interessante memória parecem-me ligar-se a uma questão bastante vasta. Observam-se, com efeito, esses ruídos em muitas regiões. O quadril, a espádua, o lado interno do pé tornam-se frequentemente sedes dos mesmos. Vi, entre outros casos, uma senhora que, com o auxílio de certos movimentos de rotação da coxa, produzia uma espécie de música bastante manifesta para ser ouvida de um a outro lado da sala. O tendão da longa porção do bíceps braquial gera-os fàcilmente saindo de sua ranhura quando as bridas fibrosas que o retêm naturalmente chegam a afrouxar-se ou romper-se. Sucede o mesmo com o músculo posterior da perna ou com o flexor do grosso artelho atrás do maléolo interno. Os Srs. Schiff e Jobert compreenderam-no pela fricção ou pelos sobressaltos dos tendões nas goteiras ou de encontro aos bordos de superfícies sinoviais. Eles são, por conseguinte, possíveis em infinitas regiões ou na vizinhança de muitos órgãos. Ora claros e estrepitosos, ora surdos e obscuros, às vezes húmidos e outras vezes secos, variam extremamente de intensidade.

Esperemos que o exemplo dado a esse respeito pelo Sr. Schiff e pelo Sr. Jobert contribuirá para que os fisiologistas se ocupem sèriamente desses ruídos e que eles darão um dia explicação racional de fenômenos incompreendidos ou atribuídos até aqui a causas ocultas e sobrenaturais."

Observações do Sr. Jules Cloquet

O Sr. Jules Cloquet, em apoio das observações do Sr. Velpeau sobre os ruídos anormais que os tendões podem produzir em diversas regiões do corpo, cita o exemplo de uma moça de dezesseis anos que foi apresentada no Hospital de Saint-Louis, em uma época em que os Srs. Velpeau e Jobert eram adidos a esse mesmo estabelecimento. O pai dessa moça, que se intitulava *pai de um fenômeno,* espécie de saltimbanco, contava tirar proveito de sua filha para entregá-la a exibições públicas; anunciou que sua filha tinha no ventre um movimento de pêndulo. Essa moça era perfeitamente conformada. Por um leve movimento de rotação na região lombar da coluna vertebral, ela produzia crepitações muito fortes, mais ou menos regulares, segundo o rítmo dos leves movimentos que imprimia à parte inferior de seu tronco. Esses ruídos anormais podiam ser distintamente percebidos a mais de 25 pés de distância e assemelhavam-se ao ruído de um velho engenho de assar carne (*tourne-broche*); eles cessavam à vontade da moça e pareciam ter a sede nos músculos da região lombo-dorsal da coluna vertebral.

Resposta do Sr. Jobert de Lambale

"E' verdade, como o disseram os nossos honrados colegas, os Srs. Velpeau e J. Cloquet, que ruídos anormais podem produzir-se no quadril, na espádua, etc. Está bem verificado que alguns ruídos da espádua, como disse muito bem o Sr. Velpeau, podem-se fazer ouvir sob a influência da vontade, quando o tendão da longa porção do bíceps braquial sofreu mudança de posição ou está *luxado*.

Mas há muita diferença entre esses ruídos e os que mencionei e oferecem uma regularidade em relação com a contração involuntária do músculo, com o afrouxamento do tendão e sua percussão em uma goteira óssea. São necessárias, com efeito, certas disposições anatômicas para que se produzam os efeitos de que tratámos, e não há no corpo do homem uma disposição tão vantajosa para isso como a bainha comum dos tendões peroneais laterais e a goteira peroneal que os recebe. Essas relações anatômicas são tão favoráveis aos ruídos involuntários e voluntários, que algúmas pessoas, por meio de exercício demorado, puderam executar árias melodiosas, *La Marseillaise, La Marche Bavaroise, La Marche Française,* com regularidade perfeita e pela única vontade dos músculos peroneais. Nunca foram produzidos semelhantes e tão curiosos ruídos em outra região do corpo."

§ III

O documento precedente foi invocado diversas vezes por aqueles que não querem ver nos fatos formulados pelos espíritas senão o resultado da ilusão e da fraude. Só verdadeira pobreza de argumento pode produzir semelhantes recursos. Aí temos o Sr. Jobert (de Lamballe), que observa uma doente atacada de uma **tenosite crepitante** qualquer; ele aproveita a observação desse caso para mostrar à Academia e ao mundo que é hábil cirurgião e que se utilizou com êxito do método subcutâneo de seu colega, J. Guérin, que ele não se dá ao trabalho de citar, e ainda por cima tira conclusões desse caso, simples e natural, a respeito de uma ordem de fatos semelhantes em aparência. Observou acaso o Sr. Jobert **as pancadas** apresentadas por um **médium** como fenômenos espiritualistas? Se as observou, colocou ele os dedos sobre as bainhas tendinosas dos peroneais direitos e esquerdos, longos e curtos do dito médium, a fim de certificar-se se os ruídos eram produzidos por contrações desses músculos e por deslocamento musical de seus tendões? Disso ele não diz uma palavra; e daí deduzimos, por nossa parte, que Jobert não fêz nenhuma experiência comparativa, que de um caso patológico ordinário ele tirou conclusões para outros casos que não viu; por conseguinte, a nosso ver, a sua observação não tem valor. Também não perderemos tempo com os fatos citados por Schiff, Cloquet, etc., igualmente sem valor.

Como nesse momento compulsamos as peças de um processo, devemos não esgotar todas as que compõem os documentos do Espiritualismo moderno, mas examinar pelo menos o que disseram ou escreveram as personalidades mais autorizadas da Ciência. Em nossas pesquisas bibliográficas, encontramos um folhetim da «Gazette Hebdomadaire de Médecine et de Chirurgie», cujo autor, um dos médicos mais eruditos do século, o Dr. Dechambre, (85) tratou o Espiritismo em tom semi-galhofeiro, através do qual se sente o homem que não percebe grande coisa relativamente aos fenômenos, mas finge-se de entendido para a galeria, isto é, a clientela céptica para a qual ele escreve.

O trabalho do Dr. Dechambre é um dos documentos mais importantes de seu autor. Dechambre, membro da Academia de Medicina, cuja perda sempre recente a Ciência deplora, não era um experimentador, mas a sua erudição era universalmente reconhecida, e foi sob sua direção que se publicou uma obra considerável, na qual colaboram as mais altas personalidades científicas da segunda metade do século XIX. Queremos falar do «Dictionaire Encyclopédique des Sciences medicales». Dechambre conhecia os juízes científicos dos fenômenos espiritualistas, mas não os julgou dignos de citação; em todo caso, calou seus nomes e preferiu não se comprometer. Hoje, talvez ele falasse de outro modo.

Apesar de sua extensão, daremos extratos do trabalho de Dechambre sobre a Doutrina Espírita.

"Perdoe-nos o leitor, diz ele, mas as seguintes linhas não admitem de sua parte nem dúvida, nem sarcasmo, nem objeção, nem oposição qualquer, e é ao contrário com profundo respeito que deve lê-las. Vão ser extraídos em seu proveito o suco e a quintessência de um livro "escrito por ordem e ditado pelos *Espíritos superiores*", e esse livro encerra a solução dos mais temíveis problemas que atormentam o homem desde sua origem: — Que é o homem? que é a vida? que é a alma? que há fora do mundo visível? os planetas são habitados, e por quem? que ficamos sendo além do túmulo? existem recompensas e penas eternas? como e em que lugares são elas infligidas? — Ainda não é tudo. O Sr. Allan Kardec, não contente de saber relativamente a essas questões quanto convém, aproveitou a sua intimidade com os Espíritos para ouvi-los

(85 A Doutrina Espírita — "Gazette hebdomadaire de Médecine et Chirurgie", 1859.

e esclarecer-se sobre uma multidão de detalhezinhos dos quais jamais cogitaram os mais curiosos entre os mais curiosos da Natureza: como saber *qual é o Espírito que acode quando se faz uma evocação sem designação especial;* ou qual é *a cor do envoltório etéreo* dos Espíritos.

Devemos dizer como nos habilitamos a falar de uma obra que já data de dois anos. O remorso de termos privado o leitor de uma fonte tão preciosa de instrução, pareceria motivo suficiente. Podíamos acrescentar que *O Livro dos Espíritos* acaba de ser renovado pela publicação muito recente de brochura destinada a defendê-lo contra a incredulidade; mas a verdade é que só a ocasião nos sugeriu esse ato de reparação.

Há alguns meses, umas quinze pessoas pertencentes à sociedade culta e instruída, algumas das quais têm até nome na literatura, estavam reunidas em um salão do bairro Saint-Germain para contemplar desenhos à pena executados manualmente por um *médium* presente à sessão, mas inspirados e ditados... por *Bernard Palissy.* Digo bem: O Sr. S. com uma pena na mão, com uma folha de papel branco aberta diante de si, mas sem ideia de nenhum assunto de arte, havia evocado o célebre oleiro. Este viera e imprimira a seus dedos a série de movimentos necessários para execução de desenhos de gosto delicioso, de grande riqueza de ornamentação, fina e delicadamente executados, um dos quais representa, se dão licença, *a casa habitada por Mozart no planeta Júpiter!* Convém acrescentar, para prevenir todo assombro, que Palissy é vizinho de Mozart naquele lugar remoto, conforme ele o indicou muito positivamente ao médium. Parece não haver dúvida sobre ser aquela casa a de um grande músico, porque ela é bem ornamentada de colcheias e claves. Não explicaram qual a matéria em que foram esses ornamentos executados lá em cima; mas podemos estar certos, dada a presença de Palissy, que é barro cozido; os outros desenhos representam igualmente construções levantadas em diversos planetas; uma delas é do avô do Sr. S... Este fala de reuni-las todas em um álbum. Será literalmente um álbum do outro mundo..."

....

Depois de pôr o Espiritismo em paralelo com

as antigas magias, de falar dos círculos mágicos e dos crivos ou peneiras giratórias, que compara às mesas e cestas giratórias, o autor continua:

"Assim movimentos de objetos sem impulso visível; os Espíritos, causa desses movimentos; eis aí toda a teoria ressuscitada nesses últimos tempos. Apenas, o processo de comunicação pelo *médium* inanimado era diferente, admitindo-se que o processo dos antigos nos seja conhecido integralmente. As mesas começaram a responder por *sim* ou por *não* batendo com o pé um número determinado de pancadas, segundo a convenção. Mais tarde, fizeram aplicação do alfabeto, batendo um número de pancadas correspondente ao número de ordem de cada letra. Mas, disse o Sr. Allan Kardec, esse meio de correspondência era longo e incômodo, e os Espíritos indicaram outro simultâneamente na França, nos Estados Unidos e em outros diversos lugares. O Espírito da França o sugeriu a 10 de Junho de 1853 (data memorável) a um fervoroso espírita, nos seguintes termos: "Toma, no quarto vizinho, a cestinha; amarra-lhe um lápis; coloca-a sobre o papel; põe os dedos na borda." Instantes depois, a cesta pôs-se em movimento e escreveu bem legìvelmente esta frase: "O que digo aqui, proíbo que o digas a quem quer que seja; à primeira vez que eu escrever, escreverei melhor..."

O plano tão simples d'*O Livro dos Espíritos*, consistindo, já o dissemos, no alinhamento numerado de quinhentas perguntas feitas por diversos médiuns e de quinhentas respostas emanadas de *Espíritos superiores*, é de uma comodidade incomparável. Possuem-se assim, sobre os mais inacessíveis problemas, não dissertações filosóficas de onde dificilmente se desprende uma noção clara e precisa, mas verdadeiras soluções, afirmações ou negações categóricas, expressas de modo soberano em algumas palavras. Exemplo: *O que é Deus?* encontrareis esta indicação preciosa: *Veja-se ao lado*. Basta seguir-se transversalmente com o dedo até à resposta para ficar-se satisfeito. Satisfeito? E' talvez dizer de mais. Decerto que o erro não pode atingir doutrina assim revelada; mas parece-nos, salvo omissão, que esta resposta: "Deus é a inteligência suprema, causa primária de todas as coisas", não é capaz de fazer esquecer o Catecismo. "Deus é um puro Espírito infinitamente bom e infinitamente perfeito, etc." Todo o capítulo consagrado à noção de Deus parece-nos inferior à maior parte dos outros pela ousadia e pelo imprevisto das ideias. Por isso, diremos apenas poucas palavras para concentrar toda a atenção dos leitores sobre o *mundo espírita,* isto é, sobre a constituição e sobre os usos e costumes desses seres impalpáveis que acabam de fazer-se conhecer com tanta sinceridade e sem-cerimônia.

Analisamos escrupulosamente as suas próprias declarações.

Os Espíritos são imateriais? "*Imaterial* não é o termo: incorpóreo seria mais exato; "é uma matéria *quintessenciada,* uma chama, um clarão ou uma centelha. Quando o Espírito é puro, a cor da sua chama pode-se comparar com a do rubi. Demais, essa chama é envolvida por substância vaporosa "extraída do fluido universal de cada globo" (porque há Espíritos em todos os globos celestes). O Espírito munido de seu invólucro, ou, em termos mais eruditos, de seu próprio *perispírito,* pode transportar-se para onde quer, e até penetrar na matéria. O transporte é rápido como o pensamento, mas, coisa digna de nota, não pode realizar-se *sobre diversos pontos ao mesmo tempo.* A vista dos Espíritos é excelente, porque pode enxergar *em dois hemisférios diferentes* e não conhece trevas. Disso resulta um pequeno inconveniente, é que eles não podem "esconder-se uns dos outros", bem como não podem dissimular seus pensamentos recíprocos. Conversam entre si e sua palavra é material. Buscam-se ou evitam-se segundo suas simpatias ou antipatias. Os superiores exercem influência sobre os inferiores.

Todos os Espíritos foram criados simples e ignorantes; todos devem chegar à perfeição passando por provações. *O corpo é uma fieira.* "Uns aceitam submissos as provações e chegam mais prontamente ao alvo de seus destinos; outros, sofrem-nas murmurando e ficam assim, por sua culpa, afastados da perfeição e da felicidade prometida". Por isso há muitas ordens de Espíritos, a saber: os puros Espíritos, que atingiram a perfeição; os Espíritos *chegados ao meio da escada,* que vivem preocupados do desejo do bem; os Espíritos que ficaram *na parte inferior da escada,* ignorantes e animados por más paixões. Mas o destino de todos é a perfeição: "todos mudam, mas leva tempo". Não há, por conseguinte, falando pròpriamente, Espíritos *decaídos,* apenas rebeldes e retardatários; também não há demônios no sentido ordinário da palavra.

Os Espíritos não sabem todas as coisas; sabem tanto mais quanto mais se aproximam da perfeição. Eles não têm do tempo e do espaço a mesma ideia que nós; "é o motivo de não podermos compreendê-los sempre que tratamos de fixar datas e épocas". Sua memória alcança no passado mais que a do homem, mas não indefinidamente. Seus conhecimentos do futuro dependem do grau "de perfeição de cada um; frequentemente apenas divulgam no futuro, mas nem sempre têm licença de revelá-lo, e o *futuro,* quando o vêem, *parece-lhes o presente*".

Que é a alma? Um Espírito encarnado; alma e espírito são uma e a mesma coisa. E' o mesmo Espírito quem dá ao mesmo homem, encarnando-se nele, as qualidades morais e as qualidades intelectuais. Se vemos homens de inteligência superior dominados por instintos viciosos, é que estão agitados entre um bom e um mau Espírito. Os pais não transmitem aos filhos nenhuma semelhança moral, porque pais e filhos não estão animados pelo mesmo Espírito. Que os médicos e os moralistas tomem nota. O idiotismo, o cretinismo só resultam da *imperfeição dos órgãos* e sob esses órgãos imperfeitos oculta-se, por vezes, uma alma *mais evoluída* do que a de um sábio. Quanto à sede da alma, *veja-se ao lado*: "varia segundo as pessoas". Aqueles "cujas ações todas se referem à Humanidade" têm a sede no coração. Os "grandes gênios, literatos, políticos", na cabeça ....

....

Eles (os Espíritos) não se preocupam com os trabalhos que deixam incompletos; entretanto "tratam de influenciar outros Espíritos para continuá-los", quando eles próprios não os terminam mais tarde ocupando outro invólucro corporal. E' por isso indubitàvelmente que alguns autores nossos conhecidos não passam do primeiro fascículo de suas obras.

E' mister não confundir-se essa reencarnação do Espírito com a metempsicose. A alma do homem nunca passou pelos outros seres da Criação, "homens nascemos" — e jamais entra no corpo de um animal. A alma não tem sexo; passa indiferentemente do corpo de homem para o de uma mulher (é talvez quando ela muda de alvitre no meio da operação, que produz hermafroditas). As reencarnações não se realizam sòmente em nosso globo, mas em todos os mundos, e a mesma alma pode assim percorrer muitos mundos e voltar para aquele de onde partiu. Os seres que habitam outros planetas, têm corpos; *mas esse invólucro é mais ou menos material conforme o grau de pureza a que chegaram os Espíritos*. Todos os globos começam por uma estância inferior. O nosso ainda está nesse estado, infelizmente; mas transformar-se-á, por sua vez, e os nossos Espíritos, melhorados, revestirão invólucro menos espesso do que o atual. Daqui até lá pode decorrer muito tempo, porque o Espírito, *que tem a escolha* do gênero de provações que deverá sofrer, pode permanecer errante durante séculos antes de voltar à *fieira*. Nas encarnações sucessivas, a alma gravita para a perfeição; se pois animou um homem de bem, ela não pode cair no corpo de um bandido.

Os Espíritos *influem sobre nossos pensamentos e ações,* e é a mistura de seus pensamentos com os nossos que produzem às vezes esses conflitos interiores, causas de cruéis perplexidades. Sendo assim, "como reconhecer se um pensamento nos foi sugerido por bom ou mau Espírito"? Nada mais simples: "estude-se o assunto! Os bons Espíritos só consultam o bem; *compete-nos distinguir*. De resto, os Espíritos inferiores só auxiliam o mal que temos vontade de praticar. Sêde bons, e só tereis bons Espíritos ao vosso lado.

Há *gênios familiares*; são Espíritos que se afeiçoam especialmente a um indivíduo. Às vezes há um bom e um mau; qual então é o que tem mais influência? "Aquele por quem o homem se deixa dominar". Às vezes o Espírito, se bem que familiar, não é isento de caprichos; abandona o seu homem por outro "e então se verifica a troca"; mas nunca esse método por deslocação se aplica ao Espírito encarnado; nunca um Espírito pode revestir o invólucro de outra pessoa viva e operar em substituição do que aí se acha; *retira-te daí para que eu tome teu lugar* não faz parte do código espírita. Nunca, por conseguinte, embora já tenha sido afirmado, há verdadeiros possessos. Acrescentemos que alguns pequenos Espíritos se prendem, não mais às pessoas, mas aos objetos, especialmente aos metais. "Avarentos falecidos, que esconderam seus tesouros, podem guardá-los até que compreendam quão inúteis lhes são os mesmos".

Podemos provocar a aparição dos Espíritos, mas geralmente esta aparição é espontânea. A chama azul que brilhou sobre a cabeça de Sérvius Túllius criança era um Espírito familiar. Os Espíritos podem operar sobre a matéria por intermédio do laço que os prende a ela, isto é, do *perispírito*. Todos podem experimentar manifestações espíritas, mas há particularmente certas pessoas denominadas *médiuns*. Podem-se classificar os médiuns em *motores* (que imprimem movimento a certos objetos sem impulso material), *escreventes, falantes, videntes, sonâmbulos, extáticos, impressivos* (isto é, *afetados mentalmente de impressões* sobre a qual eles não dão explicações) e *inspirados*. O movimento sem impulso visível é produzido ora pelo Espírito do médium, ora por um Espírito estranho. O médium falante pode exprimir-se em língua que lhe é desconhecida. O médium vidente, que *percebe pela alma*, "pode ver não só com os olhos abertos como com os olhos fechados", etc.

O Espírito que se manifesta, nem sempre está errante; pode estar encarnado neste mundo ou em outro; pode ser, por exemplo, a alma do médium. "*Tendes a prova disso* na alma das pessoas vivas, que vem visitar-vos e comunicar-se convosco por meio da escrita, *às vezes sem as chamardes*." Isso pode tornar-se incômodo. Felizmente, se é um Espírito inferior pode-se obrigá-lo a ir-se embora. Como? "Não se lhe prestando atenção." Os Espíritos, já o dissemos, podem às vezes desvendar-nos o futuro; podem também dar-nos conselhos relativos à nossa saúde.

Os Espíritos devem ser evocados "em nome de Deus todo-poderoso e para o bem de todos". Podemos forçá-los a fazer-se conhecer, porque todos se inclinam perante o nome de Deus. Pode suceder que um Espírito cesse de acudir a um apelo ordinário. Não há que estranhar; "é que ele está ocupado em outra parte".

Tem-se perguntado como os Espíritos dispersos nos diferentes mundos podem ouvir evocações feitas de um único ponto do espaço universal; mas ninguém faria essa pergunta se tivesse refletido mais: os Espíritos familiares que nos cercam, *vão procurar* os que evocamos e os trazem *quando eles podem vir*. Já vimos que algumas vezes estão *ocupados em outra parte;* mas há outros motivos. Por exemplo, se o Espírito evocado está encarnado, pode ter o que fazer em seu interior. "Uma pessoa evocada por um de seus parentes, respondeu que habitava o planeta Juno. Depois de pequena palestra... disse adeus, acrescentando: "Preciso deixar-te; *tenho quatro filhos* (a alimentar), *eles exigem meus cuidados.*" Outra retirou-se uma vez, *para tomar tisana*. Não fazemos objeção alguma. Sòmente temos um receio. Uma pessoa cuja alma evocada vai correr mundo, não está em perigo de morte súbita? — Não, responde o livro, "as circunstâncias não são as mesmas."

Amém! Enfim, o Sr. Allan Kardec faz-nos esperar um novo gênero de telegrafia que excederá tôdas as outras em rapidez e exatidão. Duas pessoas, evocando-se recìprocamente, podem transmitir-se mùtuamente os seus pensamentos. *"Essa telegrafia humana será um dia o meio universal de correspondência."*

Não há verdadeiro espetáculo como o das ilusões, das temeridades e dos desvios do espírito humano, afeiçoando-se sem interrupção a um mesmo objeto, procedendo pelos mesmos meios, continuando-se até em suas manifestações as mais minuciosas ou menos importantes durante milhares de anos, ou para dizer melhor, prolongando até as primeiras tradições da História. Esse espetáculo é um ensinamento. Ele descobre de maneira singularmente curiosa e instrutiva a incurável fraqueza da razão, quando não da loucura mais incurável ainda do orgulho; mostra a facilidade deplorável com que caminha o proselitismo do erro; abre enfim sobre a Psicologia perspectivas dignas de toda a atenção do moralista.

Sobre esses diversos pontos de vista, sejam-nos permitidas algumas observações aplicáveis especialmente ao Espiritismo.

Por poucas que sejam as noções obtidas dos diversos gêneros de supernaturalismo que caracterizaram as superstições dos povos, não podemos ver nessa doutrina, *revelada por Espíritos superiores,* senão a paráfrase jactanciosa e a mistura disparatada de crenças dispersas pelo mundo desde as primeiras idades e que embalaram alternativamente a Índia, o Egito, a Grécia e a Europa medieval. Tomemos o dogma principal dessa doutrina, as migrações e encarnações sucessivas dos Espíritos. Será fácil mostrar como ele repete em seu princípio fundamental, como copia em suas deduções, sem grande esforço de imaginação, o velho dogma da metempsicose, diversamente formulado por escolas filosóficas. Pode-se mostrar claramente que a doutrina atual resulta de uma espécie de peneiração operada entre as formas impostas sucessivamente a essa ideia da metempsicose, pelos Alexandrinos, pelos Gregos e pelo Catolicismo.

Por mais longe que se remonte nas doutrinas filosóficas do Indostão, encontra-se, claramente formulada e aceita em todas as suas consequências morais ou religiosas, a crença de que o destino da alma é passar por uma série de encarnações a fim de depurar-se por esse meio até que ganhe o repouso absoluto, a felicidade perfeita, com a perfeita pureza. O símbolo da borboleta, desprendendo-se de seu casulo depois de ter sofrido muitas metamorfoses, é velho como o mundo, e os três invólucros atribuídos à alma pelo Vedenta chamam-se *bainhas*. Tal é o fundo do Espiritismo moderno; sua *fieira* carnal não tem outro sentido. Ele reconhece no Espírito uma substância real, matéria *quintessenciada*, espécie de *chama* ou *centelha*, a que concede ainda uma atmosfera vaporosa com a qual transpõe os espaços. Eis, portanto, duas formas substanciais da alma independentes da forma carnal. Pois bem! é impossível não ver nisso um plágio dos invólucros de que falámos acima, e que na doutrina dos Vedas são igualmente constituídos por princípios materiais, mas elementares e sutis. Sòmente na filosofia indu cada invólucro tem seus atributos particulares, concorrendo para estabelecer a personalidade de cada Espírito, e esses invólucros são em número de três, mesmo sem contar a carne, porque os Vedas dão ao Espírito, além dos rudimentos da inteligência e do sentimento, os rudimentos orgânicos impregnados da força vital, ao passo que o Espiritismo relega a força vital ao invólucro carnal.

Esse invólucro, diz o Espiritismo, é de uma matéria mais ou menos espessa, segundo o grau de reabilitação a que o Espírito chegou. E' verdadeiramente Porfírio quem fala, interpretando e ampliando Platão, que por sua vez continuava Manu; é Porfírio, aos olhos de quem a sutileza crescente dos corpos, proporcional aos progressos da expiação, determina a hierarquia dos seres superiores, heróis, semi-deuses ou anjos. Os instrutores invisíveis do Sr. Allan Kardec não precisavam aprender essas coisas conversando nos ares com o Espírito de Porfírio; bastava que conversassem alguns instantes com o Sr. Pierre Leroux, provàvelmente mais fácil de ser encontrado, ou ainda com Fourier. (86)

O inventor do Falanstério teria gosto em ensinar-lhes que a nossa alma revestirá um corpo de mais em mais etéreo à proporção que ela atravessar as *oitocentas existências* (algarismo redondo) às quais é destinada.

O Espiritismo adotou também, sobre a progressão e o resultado das provações, que semelhante a certa máxima, *não é nova; mas é consoladora*. Segundo ele, a depuração das almas é mais ou menos rápida, porém contínua. Jamais pára, jamais recua.

Esse dogma está em oposição com o dos Indus e o da escola platônica, nos quais a reencarnação se faz em corpo mais ou menos perfeito, conforme a alma se regenerou ou recalcitrou na existência precedente; mas assemelha-se ao do Sr. Pierre Leroux, para quem as manifestações da vida universal, às quais ele submete a vida do indivíduo, são a cada nova existência um período de mais para o progresso.

Podíamos assim tomar um a um todos os pontos da doutrina *revelada* ao Sr. Allan Kardec, trate-se de aparições, de evocações, de atos, de palavras, de jogos pueris ou de solenes predições dos Espíritos, e conduzi-los à sua verdadeira origem em diversos sistemas filosóficos e nas práticas mais conhecidas das ciências ocultas.

Em falta dessa investigação que seria longa e supérflua, terminamos por uma observação geral, que servirá para a apreciação do modo pelo qual se esta-

---

(86) M. Dechambre não foi o único a descobrir a aproximação que se pode fazer entre Kardec e Fourier. V. também E. Nus. Loc. cit.

belecem frequentemente as convicções e propagam-se as fantasias mais extravagantes.

E' no mundo católico que o Espiritismo encontra principalmente crentes. Ora, o Espiritismo é a negação mesma do dogma católico. Não admite o pecado original; crê que a espécie humana não começou por um único homem, e que Adão, quando nasceu, achou-se logo em numerosa companhia; repele a existência dos demônios como seres perpètuamente perversos e malfazejos; em sua opinião o inferno e o paraíso não passam de *figuras*, e "a localização dos lugares de penas e de recompensas só existe na imaginação dos homens"; professa que existem homens como nós, votados como nós à expiação, em todos os planetas onde a semente do Cristo não caiu; enfim, por seu dogma da reencarnação e da depuração contínua, o Espiritismo desvia essa perspectiva imediata de castigo ou remuneração eternos que o Catolicismo nos abre mesmo no limiar do túmulo.

Desculpem-nos haver tratado com um pouco de seriedade um assunto tão estranho. Semelhantes fantasias são mais perigosas do que aparentam, e estamos convencidos de que é mister não entreter-se com essas coisas por muito tempo uma população inclinada à superstição, pois voltariam os belos tempos do *sabbat*, porque se o Espiritismo repele a possessão e nega a existência do verdadeiro demônio, como já vimos, aceita, e é forçado a aceitar, o abandono momentâneo do corpo pela alma, que é a condição essencial e suficiente da vagabundagem noturna e dos passeios pelos ares em cabos de vassoura."

Quisemos abreviar mais do que fizemos o extrato que acaba de ler-se do trabalho do Dr. Dechambre, mas pareceu-nos que esse documento muito teria perdido de seu valor se o tivéssemos reduzido mais. Além disso, sob o ponto de vista da exposição da doutrina de Allan Kardec, apresenta a vantagem de fazê-la conhecida do leitor em termos melhores do que os que poderíamos empregar.

Falando verdade, não estamos longe de concordar com o Dr. Dechambre em muitos pontos: temos, entre outras, a mesma opinião relativamente à antiguidade das práticas ocultas e dos fenômenos espiritualistas provocados. Mas, deve-se prestar muita atenção a duas coisas essenciais:

1º — Dechambre não tentou uma só experiência pessoal, a fim de certificar-se, não da doutrina deduzida dos fatos espíritas, mas dos próprios fatos. (Pelo menos ele não cita nenhum.)

2º — Também ele não discute os fenômenos; fala deles em tom de gracejo e de dúvida, mas não os nega.

E' uma lacuna lastimável essa falta de experimentação, e teria sido uma felicidade para a Ciência se um sábio tão distinto se tivesse preocupado desse lado importante da questão.

Se Dechambre não se pronuncia de modo algum sobre o valor, a realidade dos fenômenos que são a base do Espiritismo, dois de seus colaboradores não imitaram a sua prudente reserva. Quando não se examinam os fatos à luz da experiência, é elementar, principalmente se não há ponto de comparação entre eles e os fatos conhecidos, que não podem pronunciar-se a seu respeito. Foi o que fizeram os Srs. L. Hahn e L. Thomas. O artigo que esses autores escreveram, no dicionário de Dechambre, (87) não assinala tentativa alguma de experiência original. Não procuraram absolutamente ver e apesar disso declaram que nenhum fato espírita existe a não ser na imaginação dos indivíduos logrados pelos médiuns. Começam o artigo declarando que, se o dicionário onde escrevem, em lugar de ser um compêndio de Medicina, fôsse uma obra sobre jurisprudência como o Dicionário Dalloz, por exemplo, seria mister procurar a matéria espírita no artigo «Alicantina». Como se vê, esses

---

(87) "Dict encyclop. des Sciences Médicales". Art. "Spiritisme".

senhores não são de meias medidas; e sendo o artigo recente e por conseguinte muito posterior à época em que Dechambre escrevia sobre o assunto na «Gazeta Hebdomadária», pode-se julgar do progresso havido.

Após o preâmbulo, podíamos pôr um ponto final; entretanto os autores associados não quiseram tratar a coisa com tão inconveniente desenvoltura, e dignaram-se «tomar **momentâneamente** o Espiritismo ao sério». Mas isso não dura muito, pois ao fim de algumas páginas, onde expõem as principais linhas da questão e o parecer de autores que experimentaram tanto como eles, os Srs. L. Thomas e L. Hahn resumem a sua opinião em uma conclusão das mais «tesas»: «Os fiéis, escrevem eles, são ingênuos de boa fé; os hábeis servem-se deles para chamar a concorrência e fabricam sem grande esforço uma renda respeitável.»

A obra de Crookes está entretanto citada na bibliografia do artigo de que tratamos, mas os autores não falam das experiências do ilustre sábio. Preferiram ocupar-se com a aventura dos irmãos Davenport e com o processo Buguet, dos quais já falámos acima. O Sr. Hahn e seu colaborador, afinal de contas, podem ter razão; mas nós, que não nos contentamos com frases, exigimos alguma coisa mais além da fórmula arbitrária de uma opinião pessoal; queremos fatos, experiências, sem o que repeliremos inexoràvelmente as opiniões dos sábios do mundo inteiro.

§ IV

Há alguns meses, um dos mais sérios jornais científicos de nosso país, a «Revue Scientifique», dirigida por um sábio muito distinto, o Dr. Richet, professor da Faculdade de Medicina, ocupou-se de um fenômeno reivindicado pelo moderno Espiritualismo como sendo uma manifestação dos Espíritos. Queremos falar da levitação ou da suspensão dos corpos, contrária em aparência à lei da gravitação. O artigo, assinado pelo Comandante de Rochas, examinava esses fenômenos e, entre outras, certas observações do Sr. William Crookes, que estudaremos em detalhe mais adiante.

O Dr. Richet, no intuito de exonerar-se da responsabilidade, acrescentou algumas notas ao artigo referido, cuja publicação ele autorizava sob todas as reservas, e tratando precisamente a levitação de «inverossímil».

Quase ao mesmo tempo, em outro jornal, (88) fazendo alusão a outros fatos espíritas a respeito dos quais ele tinha feito anteriormente uma comunicação à «Société de Psychologie Physiologique», o Sr. Richet exprimia-se assim:

«Aparecem de certo tempo a esta parte, em jornais norte-americanos, ingleses e russos, narrações de uma fantasia absolutamente extraordinária, sobre aparições, fantasmas, almas do outro mundo. Essas histórias são narradas com grande luxo de detalhes e não será fora de propósito prestar-lhes aqui alguma atenção.

«Três hipóteses se apresentam, e não vemos possibilidade de serem formuladas outras. Podemos supor:

«1º — Que são narrativas mentirosas.

«2º — Que são aparições verdadeiras.

«3º — Que se trata de aparições sem realidade objetiva.»

O Sr. Charles Richet estabelece que a primeira hipótese, apesar de ser a mais simples, não é admissível. Pode ser que no número das narrativas existam algumas fabricadas por velhacos, mas o Sr. Richet «recusa-se a admitir que pessoas distintas, de situação científica e social de primeira ordem, de uma moralidade que parece acima de

---

(88) "Revue Philosophique", número de Setembro de 1885.

toda a suspeita, tenham combinado em todas as partes publicar fatos mentirosos e propalar com segurança imposturas sem proveito algum, e conclui que, sob pena de cair em evidente exageração de cepticismo, não se pode supor que ali só haja mentiras».

Examinando a segunda hipótese, que «é a das aparições verdadeiras, isto é, de fantasmas existentes realmente», o Sr. Richet continua:

«Trata-se talvez de uma forma qualquer da matéria, forma até agora desconhecida e com uma realidade objetiva. Mas sendo embora mister muita prudência na negação, nenhuma demonstração verdadeiramente científica pôde ser dada da realidade dessas aparições. E' absolutamente necessário verificar uma ação sobre objetos inanimados, por exemplo, uma impressão fotográfica ou um deslocamento de objeto material verificado por pessoas em rigorosas condições científicas.»

Subscrevemos plenamente um raciocínio assinalado por tão elevado espírito científico: esta é evidentemente a linguagem de um verdadeiro sábio: O Sr. Richet nada quer admitir... nem repelir **a priori**, quer fatos: estamos de acordo. Em presença das experiências publicadas por Crookes, o Sr. Richet fica entre as pontas desse dilema: adotar a sua primeira hipótese ou a segunda — mentira ou realidade — porque o Sr. Crookes diz ter registado fatos de deslocamento de objetos por meio de instrumentos de precisão, fê-los verificar igualmente por diversas pessoas, e demais, disse haver obtido impressões fotográficas de objetos ou antes de pessoas formadas **transitòriamente**, isto é, formas de fantasmas, de aparições ou de sombras.

E' impossível, com efeito, aplicar-se aos fatos do Sr. Crookes a terceira hipótese do Sr. Richet: a alucinação — mesmo coletiva —, porque, admitindo-se que cinco, seis, oito pessoas (89) ficassem

(89) A maior parte das experiências do Sr. Crookes,

atacadas simultâneamente de alucinação, ninguém poderá admitir que os aparelhos registradores e as placas fotográficas tenham ficado alucinados. Se, por conseguinte, o Sr. Richet tem confiança no Sr. Crookes — e a vida deste protesta inteiramente em seu favor —, ei-lo obrigado a pronunciar-se sobre a realidade das aparições, pois declarou que esperava a prova da impressão fotográfica para «afirmar qualquer coisa sobre a realidade das sombras», e essa prova o Sr. Crookes forneceu-a.

Devemos reconhecer, em atenção à verdade, que apesar dos exemplos escolhidos com tato pelo Sr. Richet, a sua terceira hipótese não nos satisfaz; eis a sua conclusão:

«Se se chegar a demonstrar que, no estado normal, as inteligências irrepreensíveis são sujeitas a alucinações completas, ficará dada a explicação mais verossímil das aparições e reduzem-se a nada as histórias de aparições e fantasmas que se encontram nas obras científicas.»

Sem a ideia de afastar a possibilidade das alucinações nessa questão, admitimos completamente o contrário; mas os fatos, cujas narrações temos lido ou presenciamos, não deixam lugar no espírito para a última hipótese do Dr. Richet, e preferimos aceitar as duas primeiras: veremos qual das duas devemos escolher.

Mas quer-nos parecer que o Sr. Richet sabe muito mais do que dá a entender; ele é investigador muito consciencioso para contentar-se com **pouco mais ou menos**. Apenas, em sua qualidade de fisiologista eminente, sabe que é preciso proceder em relação aos espíritos não preparados como em relação ao estômago das crianças: gradua-se a resistência das substâncias que se lhes dão a digerir. Pondo a questão em evidência, ele prepara os receptáculos cerebrais de seus contemporâ-

---

das quais falaremos depois, foram feitas diante de um número igual de testemunhas.

neos; os alimentos leves que o Dr. Richet nos apresenta, agora, facilitarão a assimilação das coisas duras que teremos que digerir brevemente. E' bom não dizer-se tudo da primeira vez, assim brutalmente.

§ V

Outros sábios, nesses últimos anos, estudaram em livros os atos do Espiritismo e fizeram dele uma crítica amarga. Não queremos expor ao leitor «essas peças dos nossos autos», porque nós, bem como todos os homens imparciais, cujo espírito se paute pelas leis da ciência positiva, os consideramos como de nenhum valor na espécie; falta-lhes a parte essencial, a primeira exigida pelo método experimental, isto é, uma observação exata de fatos espontâneos ou provocados.

Reconhecemos que tudo isso é perfeitamente inédito para a maior parte de nós outros, por motivo de não termos ouvido falar de todas essas coisas, contra as quais estamos prevenidos, porque a nossa educação científica não se encaminhou em sua direção, e não podemos portanto admiti-las.

Se o acaso nos fizesse nascer selvagens, em uma ilha dos trópicos, e se um dos nossos co-insulares, de volta de uma viagem à França, por exemplo, viesse dizer-nos que nesse país a chuva, às vezes, em lugar de cair cerrada, desce docemente como flocos de arminho bem branco sobre o solo onde se acumula em camadas espessas, e que a isso se denomina neve, estaríamos no caso de acusar o nosso viajante de impostura, porque nada até então nos teria dado uma ideia dessa coisa nova para nós: teríamos desculpa, porque éramos selvagens; mas o que devemos pensar de homens civilizados, de sábios, que repelem desdenhosamente os fatos que lhes são apresentados, não consentindo em honrá-los com o mínimo exame, sob o inaceitável pretexto de que eles não pertencem ao quadro dos fatos que habitualmente investigam?

Ainda uma vez, queiramos ou não, jamais conseguiremos impedir a existência do que existe, e ainda quando arrancássemos ao mesmo tempo o nosso tímpano e os nossos olhos, não impediríamos que existissem vibrações sonoras nem privaríamos que a luz iluminasse o mundo. Façamos, ao contrário, bom uso da nossa razão: examinemos primeiro, e opinaremos depois com conhecimento de causa.

Antes de principiarmos o estudo do assunto tratado neste livro, pensávamos, sobre certos fatos atribuídos ao Espiritismo, que esses fatos não eram o que diziam ser, e, para dizer tudo, só admitíamos duas das três hipóteses do Sr. Richet: as pessoas que afirmavam esses fenômenos ou eram alucinadas ou impostoras. Mas uma mudança notável operou-se em nossa maneira de ver, depois que lemos os artigos do Sr. Crookes: a segunda hipótese do Sr. Richet começou pouco a pouco a achar lugar em nosso espírito, e pensámos não ser possível que semelhante homem tivesse também ficado alucinado por tanto tempo. Quanto a admitir que ele tenha pretendido enganar-nos, tal ideia nem nos ocorreu.

De outro lado, com as precauções de que ele se rodeou, não podia haver sido constantemente enganado. Que concluir de tudo isso? Acaso seriam tais fatos como o Sr. Crookes e tantos outros os narraram? Observemos e experimentemos, dissemos em nosso íntimo, e veremos.

CAPÍTULO II

INVESTIGAÇÕES DO SR. WILLIAM CROOKES

§ I

Até aqui falámos de modo vago sobre o que tinha sido referido por diferentes autores relativamente às aparições, aos movimentos de corpos sem contacto, etc., etc. Concordámos que, em tudo que precede, nada há de natureza a contribuir para consolidação de uma convicção; mas vamos entrar no domínio dos fatos, diante dos quais nos devemos inclinar, pelo menos, caso não queiramos deles tirar deduções filosóficas. Até aqui, vimos escritores, poetas e filósofos, sem autoridade em matéria científica, opinando em favor dos fenômenos espiritualistas: isso, como se diz, não traz consequências. Seja, mas eis que um fato grave se produziu: um dos primeiros sábios do mundo, um experimentador, cujas obras suportam sem desvantagem comparação com as de Dumas, Wurtz, Berthelot, Frémy, pronunciou-se do modo mais afirmativo, baseado em provas experimentais em apoio dessas coisas tenebrosas que se supunham sepultadas na noite da Idade Média. Que devemos concluir? Porque ousou dar como certos os fatos de mesas a baterem e a girarem, de objetos e até de pessoas elevadas do solo sem força visível, de fantasmas aparecendo, entretendo-se com pessoas vivas, deixando-se fotografar, dando porções de seus cabelos às testemunhas, como provas permanentes de suas aparições, enquanto eles desapareciam; porque ousou ele contar essas coisas com tantos detalhes e observações de moldes científicos, será forçoso que o Sr. Crookes seja um louco ou um impostor?

Se o Sr. Crookes estivesse louco, estaríamos inteirados, e diríamos de suas alegações: «Bem, são divagações de cérebro doentio, passemos adiante!» Porém, já há mais de 15 anos que ele publicou (*) as suas primeiras investigações sobre o moderno Espiritualismo, nenhum dos que o combateram ou defenderam quis discutir a irresponsabilidade do Sr. Crookes, que goza de plena liberdade e nunca recebeu duchas em nenhuma casa de saúde. As obras que ainda escreve, distinguem-se pela inteligência mais «radiante» e menos suscetível de ser encontrada em outros cérebros a não ser nos perfeitamente sãos. O Sr. Crookes, portanto, não se tornou insensato. Será acaso um impostor que tenha querido zombar do público? Mas, com que interesse? Ele bem sabia que isso nada lhe renderia. Pelo contrário, não ignorava que qualquer fraude — se fraude tivesse havido — seria prontamente descoberta, então! Então seria a vergonha, seria a ruína, seria o desastre, o desabamento de uma vida honrosa de homem honesto e de sábio. Benèvolamente, de caso pensado pelo gosto de propalar uma pilhéria lúgubre, o Sr. Crookes apagaria a sua auréola de honra e de glória? Pois não! No fim de uma vida tão bem preenchida, tornada gloriosa por tantas descobertas, uma só

(*) Nos 31 anos decorridos até hoje depois que Crookes publicou seu trabalho, tem ele continuado a ser o mesmo genial revelador nos domínios da Física e da Química. Sempre que se tem apresentado a ocasião, quer em cartas, respondendo a indagações de homens notáveis, quer na tribuna como presidente da "British Association" ou da "Society for Psychical Research", de Londres, o grande sábio confirma plenamente as suas experiências que, de resto, têm sido confirmadas em todas as partes por posteriores experimentadores. (N. do T.)

das quais bastaria para imortalizar um homem, ele desceria de seu pedestal para revolver-se miseràvelmente na lama? E porquê? para fazer fortuna? Mas o Sr. Crookes é rico, segundo dizem, e demais ele sabe que atualmente os feiticeiros não colhem vantagem alguma de suas relações com o diabo, salvo a de puxar-lhes constantemente a cauda, pelo menos nesta vida.

Porém, insinuarão, o Sr. Crookes é um especialista de quem se pode dizer, como de muitos pseudo-sábios de hoje, que sabe o que todo o mundo ignora, mas, em compensação, ignora o que todo o mundo sabe. Convém responder a essa insinuação, e aproveitaremos o ensejo para apresentar o Sr. Crookes àqueles de nossos leitores que ainda o não conhecem.

Sob o ponto de vista científico, não podemos dizer que o Sr. Crookes tenha sido educado à inglesa, porque, em vez de começar tardiamente seus estudos e permanecer como estudante até à idade em que, na Alemanha, por exemplo, já se é professor, aos vinte anos publicava interessantes memórias sobre a luz polarizada; depois, foi um dos primeiros na Inglaterra que estudaram, por meio do espectroscópio, as propriedades dos espectros solar e terrestre. Devem-se-lhe importantes trabalhos sobre a medida da intensidade da luz, e engenhosos instrumentos: o fotômetro de polarização e o microscópio expectral, por exemplo. Seus escritos sobre a química geral (90) foram muito apreciados desde que apareceram. E' autor de um tratado de análises químicas («Métodos escolhidos»), hoje clássico. Devem-se-lhe numerosas investigações em Astronomia, especialmente sobre fotografia celeste. Em 1855-56, a Sociedade Real de Londres, que o admitiu no número de seus membros efetivos — em primeiro escrutínio —, concedeu-lhe a título de animação um prêmio pecuniário para prosseguir em

(90) "Chemical News", ano de 1859 e seg.

seus trabalhos sobre a fotografia da Lua. O Governo da Rainha enviou-o ùltimamente a Oran, para observar o eclipse. Acrescentemos ainda que se ocupa de Medicina e de Higiene, como provam seus trabalhos sobre a peste bovina, etc., etc. Mas duas descobertas principalmente classificaram o Sr. Crookes entre os mestres da ciência moderna: o ilustre sábio já se tinha distinguido por um processo de amálgama com o auxílio do sódio, processo que é hoje empregado na Austrália, na Califórnia e na América do Sul, pela indústria metalúrgica do ouro, quando fêz conhecer um novo corpo simples metálico: o **Tálio**. Aprecia-se o valor de semelhante descoberta, quando se sabe que o número dos corpos simples conhecidos na série dos metais elevava-se a cinquenta mais ou menos. O Sr. Crookes foi conduzido a essa preciosa descoberta por seus trabalhos sobre a análise espectral. Foi também assim que foram isolados o **cério**, o **rubídio** e o **índium**.

Lembremos, de passagem, que se denominam **corpos simples** os metalóides e metais nos quais pára a análise química e que nenhum **processo conhecido** os pode decompor em outros corpos. Conseguintemente, a designação de **corpos simples** dá antes a medida de nossos meios de investigação do que uma verdadeira definição da natureza real desses corpos. **Não temos, com efeito, nenhuma ideia exata do que seja a** MATÉRIA. Eis onde ainda está a ciência dos homens!

A segunda descoberta do Sr. Crookes vem corroborar o que avançámos: queremos falar da **matéria radiante**.

O Sr. Crookes, por meio de uma série de experiências de exatidão extrema, demonstrou esse estado entrevisto por Faraday. Não faremos o histórico dessas experiências tão importantes sob o ponto de vista filosófico da Química, da Física e do estudo da matéria em geral: em resumo, ressalta disso que a matéria, em sua essência, deve ser UMA e os corpos variados que caem sob nossos sentidos imperfeitos não passam de um agenciamento, de uma estrutura molecular especial da matéria, segundo a expressão do célebre químico Boutterow, de São Petersburgo, que, digamo-lo incidentemente, confirmou o que pôde examinar das experiências do Sr. Crookes sobre a força psíquica. (91)

O Sr. Crookes repetiu as suas experiências sobre a matéria radiante em 1879 (Setembro), no Congresso da British Association para o adiantamento das ciências, e 1880, na Escola de Medicina de Paris e no Observatório, a convite do professor Wurtz e do Almirante Mouchez. Os efeitos produzidos pela matéria nesse estado são dos mais surpreendentes e de uma potência formidável. Foi um grande sucesso para o Sr. Crookes.

As poucas linhas precedentes darão, pelo menos esperámo-lo, uma ideia do alto valor científico do homem que não temeu abordar o estudo dos fenômenos espíritas.

Por isso, quando o ilustre membro da Royal Society anunciou em seu jornal («Quarterly Journal of Science») que ia ocupar-se dos fenômenos do que por lá se denomina Espiritualismo moderno, foi uma exclamação geral: «Enfim! vamos ficar informados!» Mas desde os primeiros artigos, quando viram o Sr. Crookes admitir a realidade dos fenômenos, declarar que os havia observado, pesado, medido, registrado, etc., a coisa mudou de feição. Houve, sem dúvida, muita gente que deu o assunto como julgado; mas todo o mundo não quis render-se e fizeram-se ouvir palavras de reprovação mais ou menos sincera. Não será isso um dos incidentes menos curiosos da história do Espiritismo.

---

(91) Os indus há muitos séculos dizem que a matéria **é uma**, mas que as variedades são infinitas. A fórmula, em que eles condensam essa doutrina, é **variedade** na **unidade**.

O Sr. Crookes havia entretanto mostrado a maior severidade no decurso de suas investigações; mas as pessoas que se julgaram contrariadas no momento da digestão pacífica de seus **conhecimentos adquiridos**, irritaram-se vendo pronunciar-se, em sentido contrário ao seu, um juiz do qual haviam antecipadamente aceitado as conclusões, mas sob condição, implìcitamente formulada, de que elas fôssem conforme às suas ideias.

Veremos, não obstante, que essas investigações foram empreendidas com um espírito verdadeiramente científico e que o seu autor não pecava por excesso de credulidade:

"O espiritualista, diz o Sr. Crookes, (92) fala de corpos com o peso de 50 ou 100 libras, que são elevados no ar sem intervenção de força conhecida; mas o químico acostumou-se a fazer uso de uma balança sensível a um peso tão pequeno que seriam precisos dez mil como ele para perfazerem um grão. Ele julga-se por conseguinte autorizado a pedir a esse poder, o qual se diz guiado por uma inteligência, e suspende até ao teto um corpo pesado, que faça mover sob condições determinadas sua balança tão delicadamente equilibrada.

O espiritualista fala de pancadas que se produzem nas diferentes partes de um aposento, quando duas ou mais pessoas estão tranquilamente sentadas em torno de uma mesa. O experimentador científico tem o direito de pedir que essas pancadas se produzam sobre a membrana esticada de seu fonautógrafo.

O espiritualista fala de quartos e de casas sacudidos, a ponto de ficarem danificados, por um poder sobre-humano. O homem de ciência apenas pede que um pêndulo colocado debaixo de uma campânula de vidro e repousando em base de alvenaria sólida seja posto em vibração.

O espiritualista fala de artigos pesados de mobília a se moverem de uma peça para outra sem a ação do homem. Mas o sábio construiu instrumentos que dividem uma polegada em um milhão de partes: e ele está autorizado a duvidar da exatidão das observações efe-

---

(92) **William Crookes — Loc. cit.**.

tuadas, se a mesma força não conseguir deslocar de um simples grau o indicador de seu instrumento.

O espiritualista fala de flores molhadas de orvalho fresco, de frutas e até de seres vivos conduzidos através de vidraças fechadas e mesmo através de sólidas paredes de tijolos. O investigador científico pede naturalmente que um peso adicional (embora da milésima parte do grão) seja colocado em uma das conchas de sua balança quando esta estiver trancada à chave. E o químico pede que seja introduzida a milésima parte de um grão de arsênico através das paredes de um vidro com água pura, hermèticamente fechado.

O espiritualista fala de manifestações de uma potência equivalente a milhares de libras e que se produz sem causa conhecida. O homem de ciência, que crê firmemente na conservação da força e pensa que esta não se produz sem o esgotamento correspondente de alguma coisa para substituí-la, pede que as ditas manifestações se produzam em seu laboratório, onde poderá pesá-las, medi-las e submetê-las às suas próprias experiências."

Foi com esses sentimentos que o Sr. Crookes abordou o estudo dos fenômenos cujo exame se impunha, pensava ele, à Ciência, sem que ela pudesse protelar por mais tempo. Depois de ter feito essa espécie de profissão de fé científica, o autor acrescenta, em nota, a seguinte observação:

"Para ser justo a esse respeito, devo estabelecer que, expondo estas vistas a muitos espiritualistas eminentes e aos médiuns mais dignos de confiança da Inglaterra, uns e outros exprimiram sua perfeita confiança no êxito da investigação, se esta fôsse levada a cabo lealmente no espírito que já indiquei. Propuseram-se auxiliar-me com todo o poder de seus meios, pondo à minha disposição as suas faculdades particulares. E até ao ponto em que cheguei, posso acrescentar que as experiências preliminares foram satisfatórias."

§ II

O Sr. Crookes já devia saber um pouco o que pensar a respeito da «força psíquica». Com efeito, um ano ou dois antes de começar os seus trabalhos nesta matéria, um grêmio sábio de Londres, The Dialectical Society, fundado em 1867, sob a presidência de Sir John Lubbock, já se tinha pronunciado a esse respeito de modo positivo. Quando essa sociedade, composta de notabilidades científicas, decidiu em sua sessão, de 6 de Janeiro de 1869, que ia ocupar-se com os «pretendidos fenômenos espiritualistas», era, conforme declaração da ata, com a ideia de que ia destruir para sempre essa superstição que começava a ser um estorvo, porque todo o mundo falava dela. A Dialectial Society nomeou para esse fim uma comissão formada por trinta e três membros efetivos, que se subdividiram em seis sub-comissões.

Entre os membros dessa comissão figurava um sábio cujo nome é muito conhecido entre os naturalistas: Alfredo Russel Wallace, que nos deu, em uma obra interessante, (93) informações muito curiosas relativas à história da comissão de que fazia parte.

Excetuando quatro membros que desde o começo acreditaram na realidade dos fenômenos sem aceitarem a teoria espiritualista, e outros quatro que ao mesmo tempo admitiam os fenômenos e a dita teoria, a comissão compunha-se de sábios completamente cépticos. Entretanto, quando chegou o momento de apresentar um relatório à Dialectial Society, condensaram em um único feixe os resultados das experiências tentadas pelas seis sub-comissões, — a maior parte delas sòmente com as «forças» dos membros —, **e todos esses depoimentos relativos às investigações feitas pelos seis grupos de sábios, trabalhando separadamente, foram concordes.**

O relatório das comissões dos **trinta e três** compunha-se de duas partes distintas: na primeira

---

(93) **A. Russel Wallace** — "Miracles and modern Spiritualism".

parte eram relatados os fatos verificados pelas seis sub-comissões; a segunda continha os testemunhos orais ou escritos, fornecidos aos membros desse inquérito de novo gênero, por testemunhas honestas e dignas de fé.

Na primeira parte, o relatório concluía afirmativamente a respeito da existência:

1º — De ruídos, de vibrações, de natureza muito variada, produzidos fora de toda ação muscular ou mecânica;

2º — De movimento de corpos pesados sem ação muscular ou mecânica e frequentemente sem contacto ou conexão com pessoa alguma;

3º — De ruídos que, por meio de um código de sinais, respondem a perguntas de maneira inteligente;

4º — Ainda mais, se as comunicações são em grande parte de caráter banal, dão às vezes informações desconhecidas de todos os presentes;

5º — E também que existem certas pessoas favoráveis por sua presença à produção do fenômeno, enquanto que outras pessoas os contrariam, mas que essa diferença nada tem que ver com a opinião professada por essas pessoas em relação aos fenômenos.

Os depoimentos orais ou escritos foram trazidos à Sociedade por diferentes personalidades, tais como o professor A. de Morgan, presidente da Sociedade de Matemática de Londres e secretário da Real Sociedade Astronômica; M. C. F. Varley, engenheiro-chefe das companhias de telegrafia internacional e nacional e transatlântica, amigo do ilustre Tyndal.

Esta segunda parte do relatório era ainda mais variada do que a primeira, e o relator concluía que os testemunhos mencionados afirmavam a existência de fatos tais como: corpos pesados e, em certos casos, homens elevando-se espontâneamente no ar; aparição de mãos e de formas que não pertenciam a nenhum ser humano, mas parecendo animadas e podendo ser agarradas pelos assistentes; execução de pedaços de músicas em instrumentos que ninguém estava tocando; aparição quase instantânea de desenhos ou pinturas, formando-se espontâneamente, etc., etc.

O Sr. Russel Wallace faz notar que as suas observações levaram-no a estabelecer que o grau de convicção obtido pelo experimentador é mais ou menos igual à soma de tempo e de trabalho empregados nas investigações. Assim acontece relativamente a todos os fenômenos naturais, ao passo que o exame de uma impostura ou de uma ilusão, diz o Sr. Wallace, conduz a um resultado invariàvelmente oposto.

Os membros da Sociedade Dialética, que não tinham feito parte da comissão, não ousaram tomar a responsabilidade do relatório e deixaram que os membros da referida comissão o publicassem por sua conta e risco. O Sr. Crookes conhecia as experiências da Sociedade Dialética, por isso, não deviam surpreender-lhe os primeiros resultados que obteve.

§ III

A primeira parte das investigações do Sr. Crookes convergiu para os fenômenos determinados por um «médium» bem conhecido, o célebre Home, cujo nome foi citado nesses últimos tempos e que acaba de falecer em Paris, em um estado vizinho da miséria. Encóntram-se todas as informações desejáveis a respeito desse médium em uma obra onde ele próprio conta a sua vida (94) e os fatos que foram atestados por sábios e médicos dos dois hemisférios.

---

(94) **Daniel Dunglas Home** — "Révélation sur ma vie surnaturelle". Dentu. Paris, 1863.

Um dos fatos mais interessantes produzidos por Home era o que os cépticos chamavam «a sorte do acordeão». Em pleno dia, o médium segurava com uma só mão o acordeão pela extremidade oposta às chaves, e o instrumento tocava, em aparência, espontâneamente, as mais variadas árias e com a melhor execução. Foi a primeira coisa que o Sr. Crookes examinou. A experiência é longamente narrada em seu livro. Vê-se que foram tomadas as mais minuciosas precauções; foi até notada a temperatura da sala onde se operava **(era em casa do próprio Sr. Crookes)**. Dois observadores, colocados de cada lado de Home, punham os pés sobre os dele. O Sr. Crookes havia visto o médium vestir-se para certificar-se de que ele não introduzia sob sua roupa nenhum instrumento, etc.; uma gaiola de metal rodeava o acordeão... Mas ofereçamos a palavra ao Sr. Crookes:

"...Depois de abrir com minhas mãos a chave da parte baixa do instrumento, retirou-se de sob a mesa a gaiola quanto bastou para ser nela introduzida o acordeão com as chaves voltadas para baixo. A gaiola foi depois empurrada para debaixo da mesa, tanto quanto o permitiu o braço do Sr. Home, mas sem lhe ocultar a mão aos que estavam perto dele.

Os que estavam de cada lado viram o acordeão balançando-se de maneira curiosa; depois, desprenderam-se dele alguns sons, e, finalmente, muitas notas foram tocadas sucessivamente; *meu ajudante agachou-se sob a mesa, disse-nos que o acordeão alongava-se e encolhia-se;* ao mesmo tempo verificava-se que a mão com a qual o Sr. Home segurava o acordeão estava *completamente imóvel e que a outra repousava sobre a mesa.*

Depois, os que estavam dos dois lados do Sr. Home, viram o acordeão mover-se, oscilar, voltear em torno da gaiola e tocar ao mesmo tempo. O Dr. A. B. (95) olhou então para baixo da mesa e disse que a mão do

---

(95) O Dr. A. B. era o professor Huggins (Nota do Autor.)

Sr. Home parecia completamente imóvel enquanto o acordeão se movia, produzindo sons distintos.

O Sr. Home manteve ainda o acordeão na gaiola pelo modo ordinário; (96) seus pés estavam seguros pelas pessoas que estavam junto dele, a outra mão repousava sobre a mesa e, ainda assim, ouvimos notas distintas e separadas, ressoando sucessivamente, e depois uma ária simples foi tocada. Como tal resultado só podia ser produzido pelas diferentes chaves do instrumento postas em ação de maneira harmoniosa, todos os presentes consideraram-no como experiência decisiva. Mas o que se seguiu, foi ainda mais surpreendente: o Sr. Home afastou inteiramente do acordeão a sua mão, retirou-a completamente da gaiola e segurou na mão da pessoa que estava perto dele. Então o instrumento continuou a tocar, sem contacto algum e sem mão alguma perto dele.

Eu quis depois experimentar que efeito produzíamos fazendo passar a corrente elétrica da bateria em torno do fio isolado da gaiola. Para esse fim, meu ajudante estabeleceu a comunicação com fios que partiam de pilhas de Grove. De novo, o Sr. Home segurou no instrumento dentro da gaiola, do mesmo modo que precedentemente, e imediatamente ele ressoou, agitando-se de um a outro lado com vigor. Mas não me julgo autorizado a dizer se a corrente elétrica, passando em torno da gaiola, veio em auxílio da força que se manifestava no interior.

O acordeão ficou então sem nenhum contacto visível com a mão do Sr. Home. Ele retirou-a completamente do instrumento e colocou-a sobre a mesa, onde foi segura pela mão da pessoa que se achava perto dele; todos os presentes viram bem que as suas mãos estavam ali. Dois dos assistentes e eu percebemos distintamente o acordeão flutuando no interior da gaiola, sem nenhum suporte visível. Após curto intervalo, esse fato repetiu-se segunda vez.

Então, o Sr. Home tornou a pôr a mão na gaiola e tomou de novo o acordeão que começou a tocar a princípio acordes e arpejos e depois uma doce e queixosa melodia muito conhecida, que foi executada de modo perfeito e belíssimo. Enquanto essa ária era to-

---

(96) Isto é, com o lado das chaves voltado para baixo.

cada, peguei no braço do Sr. Home, acima do cotovelo e fiz correr docemente a minha mão, até que ela tocasse a parte superior do acordeão. Não se movia nenhum músculo. A outra mão do Sr. Home estava sobre a mesa, visível a todos os presentes, e seus pés conservavam-se sob os pés dos que estavam a seu lado."

Depois de haver alterado em todos os sentidos essa curiosa experiência do acordeão e de haver-se convencido de que o instrumento se agitava sob a ação de uma força invisível, o Sr. Crookes construiu aparelhos para registrar certos fatos de aumento de peso dos corpos, que ele observara cinco vezes diferentes. «Em cinco ocasiões diferentes, diz o Sr. Crookes, vi objetos, cujos pesos variavam de 25 a 100 libras, momentâneamente influenciados, de tal forma que eu e outras pessoas presentes, só com muita dificuldade, conseguíamos suspendê-los do chão.»

Para certificar-se de que o efeito era real e não produzido por sugestão operada sobre sua imaginação, o Sr. Crookes construiu um aparelho: Uma tábua de mogno descansava uma extremidade sobre uma mesa e a outra ficava dependurada ao gancho de uma balança de mola. O médium colocava a extremidade de seus dedos sobre objetos postos no extremo da tábua que descansava na mesa. Ou então, em lugar de descansar diretamente sobre corpos sólidos (caixa de fósforos de papelão, campainha), a extremidade dos dedos de Home era mergulhada na água de um vaso isolado, fixado em outro vaso cheio de água, de modo que a pressão do líquido não tivesse ação sobre o aparelho. E' fácil compreender, pela descrição, que a pressão exercida pelos dedos de Home não podia ter ação alguma sobre a balança situada na outra extremidade da tábua. A outra extremidade da tábua estava suspensa ao gancho de uma balança de mola, já o dissemos.

Um cursor munido de uma agulha permitia obter o traçado autográfico das variações de pesos, traçado que se produzia sobre uma lâmina de vidro enegrecida pelo fumo de uma lâmpada movida horizontalmente por meio de um maquinismo de relojoaria.

Quando os dedos de Home não tocavam no aparelho, a lâmina de vidro, posta em movimento, era marcada com uma linha horizontal; mas desde que os dedos eram postos em contacto com o instrumento, do modo acima assinalado, o índex descia até o ponto de indicar um aumento de peso de 5.000 grãos (cerca de 325 gramas). Em uma primeira experiência, em que a disposição era outra, enquanto Home conservava os dedos sobre a campainha e a caixa de fósforos de papelão, o Dr. Huggins, sábio mui conhecido, observava o cursor da balança de mola, e verificou, diversas vezes, que o peso acusado era de seis libras e meia e mesmo de nove libras. Ora, o peso normal da tábua, disposta como estava, era apenas de três libras: ela tivera, por conseguinte, em um momento dado, um aumento de peso de 300%.

O Sr. Crookes fêz a seguinte experiência comparativa: subiu à mesa, e, sustentando-se sobre um pé, apoiou-se com todo o seu peso (140 libras) em cima do ponto da tábua em que Home havia conservado seus dedos, **sem pressão**. O Dr. Huggins, que observava o índex da balança, verificou que todo o peso do Sr. Crookes só influía nela por libra e meia ou duas libras, e era quando o Sr. Crookes provocava um abalo.

Os Srs. W. Huggins e Ed. W. Cox, duas notabilidades científicas da Inglaterra, que auxiliaram o Sr. Crookes nessas experiências, escreveram-lhe cartas por ocasião de uma memória que o último submeteu à apreciação daqueles, nas quais eram expostas as experiências.

Essas cartas merecem atenção do leitor imparcial.

"Uper Tulse Hill, S. W., 9 de Junho de 1871.

Meu caro Sr. Crookes.

A memória que publicastes, parece-me a exposição fiel do que em minha presença ocorreu em vossa casa. A minha posição na mesa não me permitiu ver a mão do Sr. Home, afastada do acordeão, mas sòmente que esse fato foi estabelecido naquele momento por vós e pela pessoa sentada do outro lado do Sr. Home.

Essas experiências mostram que seria importante fazer novas investigações; mas desejo deixar bem entendido que não exprimo opinião alguma quanto à causa dos fenômenos que ocorreram.

Sou, muito sinceramente, vosso

William Huggins."

"Russell Square, 36, 8 de Junho de 1871.

Caro Senhor:

Estando presente, com o intuito de investigações, às experiências de ensaio relatadas em vosso artigo, apresso-me em trazer meu testemunho em favor da perfeita exatidão com que as descrevestes, e das precauções e cuidado que empregastes nas diferentes provas.

Os resultados parecem-me estabelecer de maneira concludente este fato importante: há uma força procedente do sistema nervoso e que é capaz, na esfera de sua influência, de dar aos corpos sólidos movimento e peso.

Verifiquei que essa força era emitida por pulsações intermitentes e não sob a forma de uma pressão fixa e contínua, porque o índex subia e baixava incessantemente durante a experiência. Esse fato, julgo-o de grande importância, porque tende a confirmar a opinião que lhe dá por origem a organização nervosa, e contribui muito para apoiar a importante descoberta do Dr. Richardson, de uma atmosfera nervosa, de variável intensidade, envolvendo o corpo humano.

As vossas experiências confirmam inteiramente a conclusão a que chegou a comissão de investigações da "Dialectical Society", após mais de quarenta sessões de ensaios e de provas.

Permiti-me acrescentar que não vejo nada tendente a provar que essa força seja outra coisa além de uma força emanada do organismo humano, ou pelo menos ligada a ele diretamente, e que, por conseguinte, como todas as outras forças da Natureza, ela é de plena competência dessa rigorosa investigação científica, à qual fostes o primeiro a submetê-la.

A Psicologia é um ramo da Ciência que tem sido até hoje quase inteiramente inexplorado; e essa negligência deve provàvelmente ser atribuída ao fato estranho, de que a existência dessa força nervosa tenha permanecido por tanto tempo sem ser estudada, examinada, mas apenas consignada.

Agora, uma vez estabelecido, com provas dadas por aparelhos, que é um fato da Natureza (e se é um fato, não é possível exagerar-se-lhe a importância sob o ponto de vista da Fisiologia e da luz que deve fazer sobre as leis obscuras da vida, do espírito e da ciência médica), sua discussão, seu exame imediato e sério só podem ser feitos pelos fisiologistas e por todos os que tomam a peito o conhecimento "do homem", conhecimento que foi denominado, com razão, "o estudo mais nobre da Humanidade".

Para evitar a aparência de qualquer conclusão prematura, eu aconselharia que se adotasse para essa força um nome que lhe fôsse próprio, e ouso sugerir a ideia de denominá-la força "psíquica"; que as pessoas, nas quais ela se manifesta com grande poder, chamem-se "psiquistas", e que a ciência, que a ela se refere, se intitule "psiquismo", como ramo da Psicologia.

Permiti-me também propor a próxima formação de uma Sociedade Psicológica, no intuito de fazer adiantar, por meio de experiências, dos jornais e da discussão, o estudo dessa ciência até aqui desprezada.

Sou, etc.

Ed. W. Cox.

Ao Sr. W. Crookes, F.R.S."

§ IV

E' mister ler-se o livro do Sr. Crookes para fazer-se uma ideia do zelo de precauções de que ele se rodeou em suas experiências. O pobre Home era submetido a provas bem ofensivas: seguravam-

-se-lhe os pés e as mãos, não tinha o direito de fazer um movimento, sem que muitos pares de olhos desconfiados se fixassem nele.

As experiências acima foram repetidas com outra pessoa dotada de um «poder» semelhante ao do Sr. Home, mas menos forte. Demais, com essa pessoa, que o Sr. Crookes não nomeia, porque, diz ele, ela não fêz profissão de médium, o sábio realizou experiências da mesma natureza, mas com instrumentos mais delicados.

Obtiveram-se traçados com o auxílio de um destes instrumentos, no qual uma membrana de pergaminho, esticada sobre um quadro, devia servir, sem contacto das mãos, para fazer mover a extremidade da alavanca que repousava nela. Os efeitos ruidosos obtidos por intermédio da pessoa em questão foram muito notáveis: parecia aos experimentadores que caía uma saraiva sobre a membrana de pergaminho. Os traçados obtidos quando o Sr. Crookes segurava as mãos do médium, que permaneceram completamente imóveis, foram registrados pelo aparelho.

Os traçados obtidos com o Sr. Home por meio do mesmo instrumento são mais acidentados e marcam uma força mais considerável, se bem que ela tenha operado a muito maior distância do que no caso precedente.

Partindo dessas experiências, o Sr. Crookes concluiu que a existência de uma força associada ao organismo humano deve ser considerada fora de dúvida. Essa força, «por meio da qual pode ser produzido um aumento de peso nos corpos sólidos sem contacto efetivo», encontra-se em raros indivíduos. Na mesma pessoa, ela é muito variável de um momento a outro. Depois de haver observado o «estado penoso de prostração nervosa e corporal em que algumas dessas experiências deixaram o Sr. Home, depois de vê-lo em estado de desfalecimento quase completo, estendido sobre o soalho, pálido e sem voz», o Sr. Crookes pensa que essa influência procede do sistema nervoso e que essa **força psíquica** é «acompanhada de um esgotamento correspondente de força vital». (97)

E' bom repetirmos que todas essas experiências foram feitas na casa e no laboratório de seu autor, por meio de instrumentos seus, e com a assistência de preparadores, que são mestres na maior parte.

William Crookes havia publicado as suas investigações, quando Boutterow, professor de Química na Universidade de São Petersburgo, lhe escreveu que acabava de fazer experiências semelhantes com Home, cuja força nesse momento era das mais consideráveis. Um aparelho havia sido disposto de tal forma que a pressão das mãos de Home no lugar onde eram aplicadas teria diminuído a tensão, se este último tivesse feito o mínimo esforço. O dinamômetro, que servia na experiência, marcava uma tensão normal de 100 libras. Quando Home aplicou as suas mãos, a tensão do dinamômetro foi elevada a 150 libras.

O autor lembra também em seu livro que o Dr. Roberto Hare, (98) professor emérito de Química, obtivera resultados idênticos, do mesmo modo que o Sr. Thury, professor da Academia de Genebra, em 1855. Este último repelia a intervenção dos «Espíritos», não queria ver nesses fenômenos senão o efeito de uma força nervosa especial, análoga ao éter dos sábios, que transmite a luz, e dava a essa força o nome de **força ectênica**.

A existência dessa força é, pois, incontestável. Poderíamos admitir isso fàcilmente, mas eis que a comissão de investigações da Sociedade Dialética de Londres, ao mesmo tempo que estabelecia a sua

---

(97) Home morreu de afecção nervosa; é a sorte de todos os que, como ele, se prestam a essas experiências de maneira contínua. Os faquires da Índia acabam geralmente do mesmo modo.

(98) **Robert Hare** — Loc. cit.

realidade, depois de experiências, «atesta que essa força é frequentemente dirigida por alguma Inteligência».

Em sua obra sobre a sugestão, o professor Bernheim, de Nanci, não admite a ação de uma força emanante do corpo humano nas manifestações magnéticas ou hipnóticas. Ele nega a existência dessa força; entretanto, o Dr. Barety, depois de Mésmer, verificou-lhe os efeitos de modo claro, por meio de experiências muito engenhosas. (99) O Dr. Barety demonstrou mesmo que essa **força**, que ele denomina **força nêurica radiante**, produz seus efeitos através de uma parede, mas que não atravessa a água, **na qual ela se acumula.** Essa força difere pois da **força psíquica**, porque esta se transmite através da água, como vimos nas experiências precedentes.

Quando o Sr. Crookes tornou conhecidas as suas investigações, elas foram muito mal recebidas; naturalmente, a Sociedade Real, da qual faz parte esse experimentador, não quis saber de uma novidade tão comprometedora, e o professor Balfour Steward levou a facécia ao ponto de supor que o Sr. Crookes e as pessoas que o haviam auxiliado, tivessem sido fascinados pela grande potência **electro-biológica** (?) do Sr. Home. «E' possível — respondeu o Sr. Crookes — que tivéssemos sido fascinados, mas os instrumentos registradores teriam também sido fascinados?»

O sábio inglês verificou o **fato importante** seguinte: quando a «força» era débil, a luz exercia uma ação contrária sobre alguns dos fenômenos. Mas com Home, cuja **força** era considerável, podia-se operar em plena luz. Isso lhe permitiu experimentar a ação de diferentes luzes sobre essa força: luz do Sol — luz difusa — luar — gás — lâmpada — vela — luz amarela — homogênea, etc., etc.

---

(99) **Barety** — "Força nêurica radiante, vulgarmente: magnetismo animal". Paris, Doin, 1882.

Os raios menos favoráveis às manifestações «parecem ser os da extremidade do espectro».

Até aqui, nada há de extraordinário nas experiências do Sr. Crookes, nada, em aparência, para um observador superficial, mas o sábio «habituado às investigações maravilhosamente exatas» diz a si mesmo que, se sem ação de força conhecida, uma pena se move espontâneamente, não há razão para que um homem não se eleve igualmente, e nas mesmas condições, acima do solo.

Eis porque o Sr. Crookes fala dos fenômenos seguintes de um modo natural, cujo princípio já é admitido; por isso contenta-se ele com indicar sumàriamente diferentes fenômenos que observou e que reserva sem dúvida para um trabalho de mais fôlego, classificando assim esses fenômenos:

I Classe — Movimentos de corpos pesados com contacto, mas sem esforço mecânico.

II Classe — Fenômenos de percussão e outros sons da mesma natureza.

III Classe — Alteração do peso dos corpos.

IV Classe — Movimentos de objetos pesados colocados a certa distância do médium.

V Classe — Mesas e cadeiras suspensas do solo, sem contacto de ninguém.

VI Classe — Suspensão de corpos humanos. (Viu por três vezes Home elevar-se acima do soalho.)

VII Classe — Movimento de alguns pequenos objetos, sem contacto de ninguém.

VIII Classe — Aparições luminosas.

IX Classe — Aparições de mãos luminosas por si mesmas.

X Classe — Escrita direta.

XI Classe — Formas e figuras de fantasmas.

XII Classe — Casos particulares que parecem indicar a ação de uma Inteligência externa.

XIII Classe — Manifestações diversas de caráter composto.

Seria mister poder citar por inteiro o livro do Sr. Crookes; por isso incitamos todos os que não crêem ser essas questões dignas da atenção dos homens sérios para que leiam alguns capítulos (100) da obra que acabámos de analisar ligeiramente: encontrarão aí o tato científico de um experimentador consumado e o tom de uma alta sinceridade que impõe. Demais, ao mesmo tempo em que relata as sessões mais povoadas de fantasmas, o Sr. Crookes não nos diz que acredita nos Espíritos: parece ter posto de parte essa questão.

Vamos terminar o exame da obra do sábio membro da Sociedade Real, mas não cometeremos a falta de não reproduzir por inteiro as poucas páginas com que termina o livro. Estas páginas contêm a narração de fatos de tal forma extraordinários que seguramos a cabeça com ambas as mãos e perguntamo-nos se estamos sonhando.

Precisamos lembrar o nome e a qualidade de quem escreveu essas narrativas para não lançarmos longe de nós o livro que as encerra. E quando pensamos que não podemos mais fiar-nos em ninguém, se é que o Sr. Crookes não disse a verdade, sentimo-nos quase assustados, e indagamos inquietos: Para onde vamos?

§ V

Seguem-se as cartas escritas pelo Sr. Crookes a diversos jornais filosóficos de Londres; veremos que as sessões de «materialização de Espíritos», que o autor narra, não diferem essencialmente das que citámos a título de especímenes da literatura espírita.

"...A sessão foi realizada em casa do Sr. Luxmore, e o "gabinete" era uma sala separada de outra, onde estavam os assistentes, dividido por uma cortina.

---

(100) "Nova experiência sobre a força psíquica". Livraria das Ciências Psicológicas, 5, rua de Petits-Champs.

Efetuada a inspeção à sala e exame às fechaduras, a Srta. Cook entrou no gabinete.

Depois de algum tempo, a forma de Katie apareceu ao lado da cortina, mas depressa se retirou, dizendo que a sua médium não estava boa e não podia ser levada a um sono suficientemente profundo para que não houvesse perigo em afastar-se deles. Achava-me colocado a alguns pés da cortina, atrás da qual a Srta. Cook estava sentada, tocando-a quase, e eu podia ouvir-lhe frequentemente as queixas e soluços, como se ela estivesse sofrendo. Esta indisposição continuou, por intervalos, durante quase todo o tempo da sessão, *e uma vez, enquanto a forma de Katie estava diante de mim, na sala, ouvi distintamente o som de um gemido, idêntico aos que a Srta. Cook tinha feito ouvir, por intervalos, em todo o tempo da sessão, gemido que vinha de trás da cortina onde ela estava sentada.*

Confesso que a figura era surpreendente pela aparência de vida e realidade, e tanto quanto eu podia ver à luz um pouco indecisa, suas feições assemelhavam-se às da Srta. Cook, entretanto, a prova positiva, dada por um dos meus sentidos, de que o suspiro vinha da Srta. Cook, no gabinete, ao passo que a figura estava do lado de fora, esta prova, digo, é muito forte para ser destruída por uma simples suposição do contrário, mesmo bem sustentada.

Os meus leitores me conhecem, e acreditarão, espero, que não adotarei precipitadamente uma opinião, nem exigirei que fiquem de acordo comigo, em consequência de prova insuficiente. Seria esperar demasiado, pensar que o pequeno incidente por mim mencionado terá para eles o mesmo valor que para mim. Mas pedir-lhes-ei o seguinte: os que se inclinam a julgar duramente a Srta. Cook, suspendam seu juízo, até que eu traga uma prova certa, que, acredito, será suficiente para resolver a questão.

Nesse momento, a Srta. Cook consagra-se exclusivamente a uma série de sessões particulares, às quais só assistem um ou dois amigos meus e eu. Essas sessões prolongar-se-ão provàvelmente durante alguns meses, e tenho promessa de que me será facultada toda prova que eu desejar. Essas sessões não se realizam há algumas semanas, mas já ocorreu o suficiente para convencer-me plenamente da sinceridade, da honestidade perfeitas da Srta. Cook e para fazer-me crer que as promessas, que Katie me fêz livremente, serão cumpridas.

Agora, tudo o que peço, é que os leitores não presumam, à pressa, de ser necessàriamente uma decepção aquilo que à primeira vista parece duvidoso, e queiram suspender seu juízo até que eu lhes fale novamente desses fenômenos.

Sou, etc.

William Crookes.

Mornington Road, 20, Londres, 3 de Fevereiro de 1894."

"Em uma carta que escrevi a este jornal em começo de Fevereiro último, falava eu dos fenômenos de formas de Espíritos que se haviam manifestado pela mediunidade da Srta. Cook, e dizia: "Os que se inclinam a julgar duramente a Srta. Cook, supendam seu juízo até que eu traga uma prova certa, que, acredito, será suficiente para resolver a questão. Nesse momento, a Srta. Cook consagra-se exclusivamente a uma série de sessões particulares, às quais só assistem um ou dois amigos e eu... Já vi o bastante para convencer-me plenamente da sinceridade, da honestidade perfeitas da Srta. Cook e para fazer-me crer que as promessas, que Katie me fêz livremente, serão cumpridas."

Nessa carta descrevi um incidente que, segundo penso, era próprio para convencer-me de que Katie e a Srta. Cook eram dois seres materiais distintos. Quando Katie estava fora do gabinete, de pé diante de mim, ouvi um som queixoso, vindo da Srta. Cook, que estava no gabinete. Sou feliz em dizer que finalmente obtive *"a prova absoluta"*, de que falei na carta supramencionada.

Por agora, não falarei da maior parte das provas que Katie me deu em numerosas sessões com que a Srta. Cook me favoreceu em minha casa, descrevendo apenas uma ou duas das mais recentes. Há já algum tempo experimentava eu com uma lâmpada de fósforo, consistindo em uma garrafa de 6 a 8 onças, com um pouco de óleo fosforado, sòlidamente arrolhada. Eu tinha razões para esperar que, à luz dessa lâmpada, algum dos misteriosos fenômenos do gabinete podiam tornar-se visíveis, e Katie esperava também obter o mesmo resultado.

No dia 12 de Março, durante uma sessão em minha casa, depois que Katie andou pelo meio de nós, depois de ter-nos falado por algum tempo, retirou-se para trás da cortina que separava o meu laboratório, onde se achavam os assistentes, de minha biblioteca que, temporàriamente, fazia o ofício de gabinete. Depois de um momento, ela voltou à cortina e chamou-me, dizendo: "Entrai no quarto e suspendei a cabeça da médium, que escorregou." Katie estava diante de mim, vestida com a sua roupa branca habitual e trazendo seu turbante. Imediatamente entrei na biblioteca para levantar a Srta. Cook, quando Katie deu alguns passos de lado para deixar-me passar. Com efeito, a Srta. Cook havia escorregado parcialmente do canapé, e sua cabeça pendia em situação muito penosa. Tornei a pô-la sobre o canapé, e, fazendo isso, tive, apesar da obscuridade, a viva satisfação de verificar que a Srta. Cook não trajava o vestuário de Katie, mas trazia o costumado vestido de veludo negro e achava-se em profunda letargia. Não se havia passado mais de três segundos entre o momento em que acomodei a Srta. Cook sobre o canapé, tirando-a da posição em que se achava.

Tornando ao meu posto de observação, Katie apareceu-me de novo e disse que pensava poder mostrar-se-me conjuntamente com sua médium. O gás foi abaixado, e ela pediu a minha lâmpada de fósforo. Depois de manifestar-se à sua luz, durante segundos, ela restituiu-ma, dizendo: "Agora entrai e vinde ver minha médium." Segui Katie de perto na biblioteca e, ao clarão da lâmpada, vi a Srta. Cook repousada no sofá, exatamente como eu a deixara. Olhei em redor de mim para ver Katie, porém ela desaparecera. Chamei-a, mas não obtive resposta.

Voltei ao meu lugar, e Katie, reaparecendo logo, disse-me que estivera de pé junto da Srta. Cook. Perguntei-lhe então se por si própria ela não poderia tentar uma experiência, e, tomando das minhas mãos a lâmpada de fósforo, passou para trás da cortina, recomendando-me não olhasse por enquanto para o gabinete. Passados alguns minutos, restituiu-me a lâmpada, dizendo-me nada ter conseguido, pois havia esgotado todo o fluido da médium, mas que tentaria de novo, mais tarde. Meu filho mais velho, rapaz de catorze anos, que estava sentado defronte de mim, em posição de poder ver atrás da cortina, disse-me que vira distintamente a lâmpada de fósforo parecendo flutuar no espaço por cima da Srta. Cook e iluminando-a, enquanto ela permanecia estendida imóvel no sofá, mas que não vira ninguém segurando a lâmpada.

Passo agora à sessão de ontem à noite em Hackney. Jamais Katie me apareceu com tão grande perfeição; por espaço de duas horas, ela passeou pela sala conversando familiarmente com todos os presentes. Muitas vezes tomou meu braço, e a impressão produzida em meu espírito foi que a meu lado se achava uma mulher viva e não um visitante do outro mundo; essa impressão, digo, foi tão forte, que se me tornou irresistível a tentação de repetir uma recente e curiosa experiência.

Pensando que, se não tinha perto de mim um Espírito, eu estava pelo menos junto de uma senhora, pedi-lhe permissão para tomá-la em meus braços, a fim de poder verificar as interessantes observações que um experimentador audaz tinha feito conhecer de maneira algum tanto prolixa. Essa permissão foi-me graciosamente concedida, e utilizei-me dela — convenientemente — como o teria feito em semelhante circunstância todo homem bem educado. O Sr. Volckman ficará encantado sabendo que posso corroborar a sua asseveração, afirmando que o "fantasma" (o qual não empregou nenhuma resistência) era um ser tão material como a própria Srta. Cook. Mas a continuação mostrará como um experimentador procede mal, por mais cuidadosas que sejam as suas observações, se arriscasse a formular uma importante conclusão quando as provas não existem em suficiente quantidade.

Katie disse então que desta vez ela se julgava capaz de mostrar-se simultâneamente com a Srta. Cook. Abaixei o gás, e depois, com a lâmpada de fósforo, penetrei no quarto que servia de gabinete. Mas, antecipadamente, pedi a um de meus amigos, hábil estenógrafo, que tomasse nota de todas as observações que ouvisse de mim enquanto eu estivesse no gabinete, porque conheço a importância que merecem as primeiras impressões, e não queria confiar na minha memória mais do que convinha. Neste momento tenho estas notas sob os olhos.

Entrei no quarto com precauções; estava escuro, e foi às apalpadelas que procurei a Srta. Cook. Encontrei-a agachada no soalho.

Ajoelhando-me, deixei o ar penetrar na lâmpada, e, à sua luz, vi essa moça vestida de veludo negro, como ela estava no começo da sessão, e conservando toda a aparência de completa insensibilidade. Ela não se moveu quando lhe peguei na mão, segurando a lâmpada bem perto de seu rosto; mas continuou a respirar calmamente.

Elevando a lâmpada, olhei em torno de mim e vi Katie de pé muito junto da Srta. Cook. Trazia uma roupagem alva e flutuante como já a tínhamos visto durante a sessão. Prendendo nas minhas uma das mãos da Srta. Cook, ajoelhando-me outra vez, ergui e abaixei a lâmpada, não só para iluminar a figura de Katie, como para plenamente convencer-me de que eu estava realmente vendo a verdadeira Katie que eu havia apertado em meus braços alguns minutos antes, e não o fantasma de um cérebro enfermo. Ela não falou, mas moveu a cabeça em sinal de reconhecimento. Por três vezes diferentes, examinei cuidadosamente a Srta. Cook agachada diante de mim, para certificar-me de que a mão que eu segurava era a de uma mulher viva, e por três vezes diferentes voltei a lâmpada para Katie, a fim de examiná-la com firme atenção, até que me não restasse a mínima dúvida de que ela estava ali na minha frente.

Por fim, a Srta. Cook fêz um leve movimento, e Katie deu-me sinal que saísse. Retirei-me para outra parte do gabinete e deixei então de ver Katie, mas só deixei o quarto depois que a Srta. Cook despertou e dois dos assistentes entraram com luzes.

Antes de terminar este artigo, desejo fazer conhecer algumas das diferenças que observei entre a Srta. Cook e Katie. A estatura de Katie é variável; em minha casa eu a vi mais alta seis polegadas do que a Srta. Cook. Ontem de noite, com os pés nus e não andando nas pontas dos pés, tinha quatro polegadas e meia mais do que Cook. Ontem de noite, Katie tinha o pescoço descoberto, a pele era perfeitamente doce ao tato e à vista, ao passo que Cook tem no pescoço uma cicatriz que, em semelhantes circunstâncias, se vê distintamente e é áspera ao tato. As orelhas de Katie não são furadas, enquanto que a Srta. Cook usa sempre brincos. A cor de Katie é muito alva, ao passo que a de Cook é muito trigueira. Os dedos de Katie são muito mais compridos do que os de Cook e seu rosto também é maior. Nos modos de exprimir-se há também muitas diferenças notáveis.

A saúde da Srta. Cook não lhe permite dar-me, antes de algumas semanas, outras sessões experimentais como esta, e por isso aconselhámos-lhe com insistência que tivesse um repouso completo, antes de recomeçar a campanha de experiências das quais, por causa dela, já dei um resumo, e cujos resultados, em tempo próximo, espero poder publicar."

"ÚLTIMA APARIÇÃO DE KATIE KING

Sua fotografia por meio da luz elétrica

Havendo tomado parte ativa nas últimas sessões da Srta. Cook, e havendo conseguido muito bem tirar numerosas fotografias de Katie King por meio da luz elétrica, entendi que a publicação de alguns detalhes seria interessante para os espiritualistas.

Durante a semana precedente à partida de Katie, ela deu sessões em minha casa, quase todas as noites, a fim de permitir-me fotografá-la à luz artifical. Para esse efeito foram preparados cinco aparelhos fotográficos. Consistiam em cinco câmaras escuras, uma da dimensão de placa inteira, uma de meia placa, outra de quarto de placa, e de duas câmaras estereoscópicas binoculares, todas as quais deviam ser simultâneamente dirigidas sobre Katie cada vez que esta tomasse posição para ser retratada. Cinco banhos sensibilizadores e fixadores foram empregados e muitos vidros foram limpos com antecedência, prontos para o serviço, a fim de que não houvesse nem hesitação nem demora no decurso das operações fotográficas, que executei com minhas mãos, tendo a meu lado um ajudante.

Minha biblioteca servia de gabinete escuro: da porta de dois batentes que abria para o laboratório, um dos batentes foi retirado de seu quícios e pregou-se em seu lugar um resposteiro para permitir Katie entrar e sair fàcilmente. Nossos amigos presentes estavam sentados no laboratório defronte do reposteiro, e um pouco atrás deles estavam dispostas as câmaras escuras que deviam fotografar Katie, quando ela se mostrasse e igualmente o interior do gabinete, toda vez que o reposteiro fôsse erguido para esse fim. Havia em cada noite três ou quatro exposições de placas nas cinco câmaras escuras, o que dava no mínimo quinze provas por sessão. Algumas se estragaram na revelação, outras quando se graduava a luz. Apesar disso, possuo quarenta e quatro negativos, alguns medíocres, alguns nem bons nem maus, e outros excelentes.

Como instrução, Katie avisou a todos os assistentes que permanecessem sentados e observassem esta condição; só eu não fiquei compreendido nessa medida, porque, desde certo tempo, ela me permitira fazer o que eu entendesse, tocá-la, entrar no gabinete e dele sair, cada vez que eu quisesse. Frequentemente eu a seguia no gabinete e cheguei, em certas ocasiões, a vê-la ao mesmo tempo que a sua médium; porém, geralmente, só encontrava a médium em letargia, deitada no soalho; Katie e seu branco vestuário haviam desaparecido instantâneamente.

Durante esses últimos seis meses, a Srta. Cook fêz muitas visitas a minha casa, e algumas vezes se demorou nela uma semana inteira. Apenas trazia consigo um saco de viagem, que não fechava à chave; durante o dia estava constantemente em companhia de minha mulher, na minha, ou na de qualquer outro membro de minha família, e, não dormindo só, faltaram absolutamente ocasiões de preparar qualquer coisa, mesmo de caráter mal acabado, que fôsse apto a representar o papel de Katie King. Eu mesmo preparei e dispus a minha biblioteca assim como o gabinete escuro, e habitualmente, depois de a Srta. Cook haver jantado e palestrado conosco, dirigia-se diretamente para o gabinete, e, a seu pedido, eu trancava a segunda porta, guardando comigo a chave enquanto durava a sessão: então abaixávamos o gás e deixávamos Cook no escuro.

Entrando para o gabinete, a Srta. Cook estendia-se no soalho, com a cabeça sobre uma almofada e logo caía em letargia. Durante as sessões fotográficas, Katie envolvia em um chale a cabeça da médium, para impedir que a luz se projetasse em seu rosto. Diversas vezes, suspendi uma banda do reposteiro quando Katie estava de pé perto dele, e não era raro que as sete ou oito pessoas presentes no laboratório vissem simultâneamente a Srta. Cook e Katie, sobre as quais a luz elétrica batia em cheio. Não podíamos, então, ver o rosto da médium por causa do chale, mas enxergávamos-lhe os pés e as mãos; víamos-lhe o corpo estremecer penosamente sob a influência da luz intensa, e por momentos escutávamos os seus gemidos. Tenho uma prova de Katie e da médium fotografadas juntas; mas Katie está colocada diante da cabeça da Srta. Cook.

Enquanto tomava parte ativa nessas sessões, a confiança que Katie depositava em mim crescia gradualmente, a ponto de ela não querer mais dar sessão sem que eu me encarregasse das disposições necessárias, dizendo querer-me sempre junto de si e perto do gabinete. Desde que essa confiança se estabeleceu, e quando ela se convenceu de que eu cumpria as promessas que podia fazer-lhe, os fenômenos aumentaram muito de intensidade e foram-me dadas provas que não poderia obter, se me tivesse aproximado daquela entidade de outra maneira.

Ela interrogava-me com frequência a respeito das pessoas presentes às sessões e sobre o modo de serem elas colocadas, porque, ulteriormente, se havia tornado muito nervosa por motivo de certas sugestões imprudentes, que aconselhavam empregar a força a fim de proporcionar modos de investigações mais científicos.

Uma fotografia das mais interessantes é aquela em que estou de pé ao lado de Katie; ela está com os pés nus sobre um ponto particular do soalho. Vesti depois a Srta. Cook como Katie; ela e eu tomámos as mesmas posições e fomos fotografados pelas mesmas objetivas colocadas absolutamente como na outra experiência e iluminados pela mesma luz. Colocados esses dois desenhos um sobre o outro, as minhas fotografias coincidem perfeitamente quanto à estatura, etc., mas Katie é maior de meia cabeça do que a Srta. Cook, e perto desta a primeira parece uma mulher gorda. Em muitas provas a largura do seu rosto e a grossura de corpo diferem essencialmente da médium e as fotografias mostram muitos outros pontos dissemelhantes.

Mas a fotografia é tão impotente para pintar a beleza perfeita do rosto de Katie, como a linguagem o é para descrever o encanto de suas maneiras. A fotografia pode, é verdade, desenhar-lhe a atitude; mas como conseguiria ela reproduzir a pureza brilhante de sua tez, em que a expressão inconstante de suas feições, ora veladas de tristeza quando contava algum amargo acontecimento de sua vida passada, ora sorridentes com toda a inocência de uma menina, quando, rodeada de meus filhos, distraía-os, narrando-lhes episódios de suas aventuras nas Índias?

Vi tão bem Katie recentemente, quando estava iluminada pela luz elétrica, que posso acrescentar alguns traços às diferenças que, em artigo precedente, estabeleci entre ela e sua médium. Tenho a certeza mais absoluta de que a Srta. Cook e Katie são duas individualidades distintas, (101) ao menos no que diz respeito aos seus corpos. Pequenos sinais que se encontram no rosto da Srta. Cook não existem no de Katie. Os cabelos de Cook são de um castanho tão escuro que parecem quase negros; um cacho dos de Katie, que tenho sob os olhos e que ela me permitiu cortar no meio de suas tranças luxuriantes, depois de tê-los acompanhado com meus dedos até ao alto da cabeça e ter verificado que eles haviam nascido ali, é de um belo castanho dourado.

Uma noite contei as pulsações de Katie: seu pulso batia regularmente 75, ao passo que o da Srta. Cook poucos instantes depois alcançava 90, seu número habitual. Apoiando meu ouvido ao peito de Katie, podia ouvir um coração batendo no interior, e as pulsações eram ainda mais regulares do que as do coração de Cook, quando depois da sessão ela me concedia a mesma experiência. Submetidos à mesma prova, os pulmões de Katie mostraram-se mais sãos do que os de sua médium, porque, quando fiz a experiência, a Srta. Cook estava em tratamento médico de uma bronquite.

Os vossos leitores acharão provàvelmente interes-

---

(101) Para maiores detalhes observados por pessoa que acompanhou essas materializações na casa de W. Crookes e na residência da médium, consulte-se Florence Marryat Rose-Church, citada na obra de Crookes, escritora notável, que estudou a mediunidade de Florence Cook no cap. XVI de seu livro "There is no death". — (N. do T.)

sante que às vossas narrativas e às da Sra. Rose Church, a respeito da última aparição de Katis, venham juntar-se as minhas, pelo menos as que posso publicar. Quando chegou o momento de Katie dizer-nos adeus, pedi-lhe o favor de ser o último a vê-la. Chamou para junto de si cada um dos presentes, disse-lhes algumas palavras em particular e deu instruções gerais para nossa direção futura e relativas à proteção que devíamos prestar à Srta. Cook. Dessas instruções, que foram estenografadas, cito a seguinte: "O Sr. Crookes constantemente procedeu muito bem, e é com a máxima confiança que deixo Florence em suas mãos, ficando eu perfeitamente segura de que não desmentirá a fé que nele deposito. Em todas as circunstâncias imprevistas, ele poderá fazer melhor do que eu, porque tem mais força."

Terminando as suas instruções, Katie convidou-me a entrar no gabinete com ela, e permitiu-me aí demorar até ao fim.

Tendo fechado o reposteiro, conversou comigo durante algum tempo, depois atravessou o quarto para ir ter com a Srta. Cook, que permanecia inanimada no soalho. Inclinando-se sobre ela, Katie tocou-lhe no corpo e disse: "Desperta Florence, desperta! devo separar-me agora de ti!"

A Srta. Cook despertou chorando, rogou a Katie que ficasse algum tempo ainda. "Não posso, minha querida; minha missão está cumprida. Deus te abençoe!" respondeu Katie, que continuou a falar à Srta. Cook. Durante alguns minutos conversaram juntas, até que finalmente as lágrimas impedidarm Cook de falar. Segundo as instruções de Katie, acudi a Cook que ia cair no chão e soluçava convulsivamente. Olhei em torno, mas Katie e suas brancas roupagens haviam desaparecido. Depois que a Srta. Cook se acalmou um pouco, trouxeram luz e eu a conduzi para fora do gabinete.

As sessões quase quotidianas com que ùltimamente a Srta. Cook me favoreceu, prejudicaram suas forças, e eu desejo manifestar pùblicamente os favores que lhe devo pela boa vontade com que me auxiliou nas minhas experiências. Ela aceitou de boamente submeter-se a todas as provas que lhe propus; sua palavra é franca e vai retamente ao alvo, e jamais vi coisa alguma que traísse a mais leve aparência do desejo de enganar. Certamente, não creio que se ela empregasse a fraude tivesse sido bem sucedida; e se ela o tentasse, seria prontamente desmascarada, porque tal modo de proceder é inteiramente estranho à sua natureza. E quanto a imaginar que uma inocente colegial de quinze anos tenha sido capaz de conceber e realizar durante três anos, com todo o êxito, uma impostura tão gigantesca como essa, e que, durante esse tempo, ela se tenha submetido a todas as condições que exigimos dela; que haja suportado as investigações mais minuciosas; que tenha pedido para ser revistada a qualquer momento, quer antes quer depois das sessões; que tenha obtido ainda mais êxitos em minha própria casa do que na de seus pais, sabendo que aí veio expressamente para submeter-se a rigorosas provas científicas; quanto a imaginar, digo, que a Katie King dos três últimos anos é o resultado de uma impostura, isso faz mais violência à razão e ao bom senso do que acreditar que ela seja o que ela própria afirma.

Faltaria a um dever, se terminasse este artigo sem agradecer igualmente ao Sr. e à Sra. Cook as grandes facilidades que me concederam para continuar nas minhas observações e experiências.

Os meus agradecimentos e de todos os espiritualistas são também devidos ao Sr. Charles Blackburn, por sua generosidade, permitindo à Srta. Cook consagrar todo o seu tempo ao desenvolvimento dessas manifestações, e, finalmente, ao exame científico."

CAPÍTULO III

EXPERIÊNCIAS DE ZŒLLNER

§ I

Depois dos extratos que acabámos de pôr sob os olhos do leitor, poderíamos abordar a terceira parte de nosso trabalho, aquela em que expomos as experiências que nos são pessoais; mas resta-nos ainda fazer conhecer as diversas teorias emitidas por aqueles que verificaram a realidade dos fenômenos chamados espiritualistas.

Além disso, se bem que esta obra seja forçosamente incompleta, porque não citámos todas as experiências feitas pelos sábios ou pelos homens mais respeitáveis, nós não podemos passar em silêncio as experiências que Zœllner fêz conhecer há pouco tempo ainda. (102) Zœllner, cuja perda recente a Ciência lamenta, era um astrônomo muito distinto, professor na Universidade de Leipzig, membro correspondente do Instituto de Franca, etc. As experiências de Zœllner foram feitas com um médium que conhecemos e com o qual fizemos grande parte das nossas experiências pessoais, o Sr. Slade, médium norte-americano. Na maior parte de suas experiências, Zœllner foi assistido por sábios tais como os professores Fechner, Braune, Weber, Scheibner e Thiersh, o ilustre cirurgião cujo talen-

(102) **Zœllner** — "Wissenschaftliche Abhandlungen", 1877-81. Leipzig (4 vol.-in-8.º). Ver também "Naturwissenchaft und christliche Offenbarung", Leipzig, 1881.

to pudemos apreciar durante a nossa estada na Alemanha, no decurso de missão científica que nos fôra confiada pelo Ministério da Instrução Pública.

Não ignoramos que o Sr. Wundt, professor de Filosofia, depois de uma sessão a que assistiu em casa de Zœllner, julgou dever fazer uma crítica muito viva dos fenômenos produzidos, crítica baseada principalmente no fato de que na experiência, à qual esteve presente, tinham deixado de examinar as mangas de Slade, onde devia achar-se escondida uma máquina de escrever qualquer. Antes de começarmos as experiências com Slade, não ignorávamos também todo o mal que diziam dele nem o mal que tentaram fazer-lhe, mas estávamos bem resolvidos, apesar da fortíssima desconfiança inspirada por insinuações malévolas, e também por causa dela, a não confiar senão naquilo que observássemos. As críticas do Sr. Wundt não nos pareceram inspiradas por espírito verdadeiramente científico; sente-se que o Sr. Wundt não é homem para quem a experimentação seja coisa familiar; à força de recear mistificação, indubitàvelmente mistificou-se: o temor da fraude o teria feito cair no erro. E' um fenômeno conhecido desde toda a antiguidade, que os antigos figuraram na fábula de Caríbdis e Cila.

Os fenômenos produzidos por Slade, na casa de Zœllner, são os seguintes:

1º — Movimento ocasionado só pela «força» de Slade em agulha imantada encerrada na caixa da bússola;

2º — Pancadas dadas na mesa; faca projetada sem contacto, à altura de um pé;

3º — Movimento de objetos pesados, o leito do Sr. Zœllner transportado a dois pés da parede, estando Slade sentado com as costas voltadas para o leito, com as pernas cruzadas bem à vista;

4º — Um biombo é despedaçado com estrondo, sem contacto com o médium, e os pedaços são projetados a cinco pés de distância dele;

5º — Escrita produzida muitas vezes entre duas ardósias pertencentes a Zœllner e conservadas bem à vista. Foi principalmente esse fenômeno que analisámos com Slade;

6º — Imantação de uma agulha de aço;

7º — Reação ácida dada a substâncias neutras;

8º — Impressões de mãos e de pés nus sobre superfície enegrecida a fumo ou sobre farinha de trigo, não correspondendo à impressão das mãos ou pés do médium, que, além disso, ficaram à vista durante a experiência. Demais, os pés de Slade tinham permanecido calçados;

9º — Nós produzidos em tiras de couro pregadas e seladas nas duas extremidades e conservadas sob as mãos de Slade e de Zœllner, etc. Zœllner deu em sua obra os detalhes mais completos sobre essas experiências, e as conclusões que se tiram delas são as mesmas que para as de Crookes: ou, antes, este ilustre sábio, chegado ao fim de uma gloriosa carreira científica, foi um impostor, porque não podia ter sido enganado com as precauções que tomou, ou então disse a verdade. Por nossa parte, cremos firmemente que ele disse a verdade.

CAPÍTULO IV

TEORIAS EMITIDAS PARA EXPLICAÇÃO DOS FENÔMENOS CHAMADOS ESPIRITUALISTAS

Supomos admitida a existência desses fenômenos, porque, se bem que em realidade a fraude tenha sido causa eficaz de certo número de fatos dados como de origem espiritualista, a hipótese da constância dessa causa é inadmissível, e afirmamos, pelo contrário, que os fenômenos existem.

Nós o afirmamos, não porque acreditemos que assim seja, mas porque **estamos disso cientìficamente certos**.

A hipótese da **alucinação** individual ou coletiva fica reduzida a nada pelo registro dos fenômenos por meio de aparelhos gráficos e de fotografia, bem como por traços permanentes (escrita, impressões, etc.) (103)

Logo, os fenômenos existem: mas que explicação podemos dar a respeito deles? E' aqui o lugar de falar das teorias emitidas para esse fim.

1ª Teoria — Um fluido especial se desprende da pessoa do médium, combina-se com o fluido das pessoas presentes para constituir uma personagem, nova, temporária, independente em certa proporção,

---

(103) Acontece o mesmo relativamente à hipótese dos movimentos inconscientes sobre a qual Faraday, Babinet e Chevreuil quiseram apoiar suas teorias. Salvo a opinião dos que pretendem repelir tudo sem exame, discutir essas teorias seria cometer uma espécie de arcaísmo.

e produzindo os fenômenos conhecidos. Esta teoria poderia chamar-se: **teoria do ser coletivo.**

2ª Teoria — Tudo é produzido pelo diabo ou seus sequazes. Era a teoria de Mirville, é a da Igreja Católica. — **Teoria demoníaca.**

3ª Teoria — Existe uma categoria de seres, um mundo imaterial, vivendo ao lado de nós e manifestando sua presença em certas condições. São os seres conhecidos em todos os tempos sob os nomes de gênios, fadas, silvanos, duendes, gnomos, diabretes, etc. Com esta teoria relaciona-se a dos budistas da Índia e da Europa (teósofos), que coloca os fenômenos sob a dependência de Espíritos vitais incompletos, seres não acabados, chamados **Elementais.** — **Teoria «gnômica».**

4ª Teoria — Todas as manifestações são devidas aos Espíritos ou almas dos mortos, que estabelecem relações com os vivos, manifestando suas qualidades ou seus defeitos, sua superioridade ou, pelo contrário, sua inferioridade, exatamente como se vivessem ainda. — **Teoria espírita.**

Tais são as teorias emitidas pelos que estudaram os fenômenos denominados espiritualistas. Todos admitem a existência de certas propriedades inerentes a algumas pessoas cuja presença é necessária para obtenção desses fenômenos. Os partidários teimosos do mecanicismo vital, que viram a série completa dessas manifestações, calaram-se, ou então lançaram sua teoria às urtigas; aqueles que delas apenas viram a parte mais simples, admitiram — a contragosto — a existência de um fluido nervoso material que pode operar **no exterior** de alguns indivíduos, como opera **no interior** de todo o mundo. Mas os espiritualistas observaram-lhes que, se esse fluido se manifesta tão poderosamente fora da matéria viva, não será desarrazoado admitir-se que possa existir individualmente, depois da matéria morta. Os materialistas replicaram... discutem ainda.

E vós, perguntar-me-ão, a qual das teorias vos filiais? Tendes alguma nova teoria a proporcionar-nos?

Nós? Não, senhores, não temos nenhuma.

Nós procuramos.

Terceira parte

CAPÍTULO I

PARTE EXPERIMENTAL

§ I

Pela exposição que acabámos de traçar, o leitor pôde fazer ideia do estado da questão espírita. Talvez tenhamos parecido um pouco parciais a respeito dos sábios que consentiram em estudar sem ideia preconcebida os fenômenos, que nós mesmos empreendemos submeter à experimentação. Pois bem! admita-se que nada dissemos; não nos consideramos, de forma alguma, responsáveis por aquilo que outros escreveram; pedimos simplesmente ao leitor que suspenda seu juízo. Mas, na presente parte deste trabalho, onde estão consignados os resultados das nossas investigações, assumimos inteiramente a responsabilidade dos fatos que aí se acham expostos.

Pedimos licença para lembrar que, ao começar esses estudos psicológicos, não tínhamos ideia alguma sobre essa questão. Entretanto, depois de ouvir falar dela com convicção por pessoas honestas, pensávamos dever arrancar-lhes ilusões que julgávamos perniciosas. Hoje, se não compartilhamos o modo de ver dos espíritas que conhecemos, concordamos entretanto que eles se baseiam em fatos que lhes dão razão em aparência. Persistimos em nossa ideia de que a Ciência tem o dever de não recuar por mais tempo diante do exame desses fatos. Mesmo que ela o quisesse, já não poderia fazê-lo agora: travou-se o debate, pelo menos no estrangeiro. Temos esperança de que o esforço tentado aqui, por nós, não será em vão e que em França teremos o mérito de haver claramente levantado a questão. Será ela resolvida? **Chi lo sa?**

Vamos submeter ao exame do leitor um certo número de experiências que fizemos com muitos «sujets» dotados dessa força particular (psíquica, ódica, ectênica, electro-biológica, etc.), a qual se reconhece em um indivíduo pelo fato de, possuindo-a, ser ele capaz de produzir, por sua intervenção, aquilo que o comum dos homens não pode fazer, isto é, os fenômenos chamados psíquicos. Quanto a dizer como se pode fazer nascer esse agente, ainda não se sabe dizê-lo, mas é certo que os brâmanes indus, nos quais já tivemos ocasião de falar, possuem a arte de desenvolvê-lo nos faquires em grau superior a tudo o que conhecemos.

Já dissemos que havíamos feito diferentes ensaios no intuito de obtermos **de visu** certo número de fenômenos denominados psíquicos. Citámos um resultado bastante notável, obtido em uma reunião (veja-se a nossa Introdução). Entretanto, não procuraremos tirar partido dessas experiências feitas com mesas e com auxílio de diferentes pessoas, que não fazem profissão de suas propriedades «neuro-biológicas». São já bem curiosas essas experiências, mas temos coisa melhor, e, nesta obra que não deve alongar-se desmedidamente, não exporemos tudo quanto observámos. Contentamo-nos com afirmar sòmente que, se a mesa se move e bate, é mesmo sem a intervenção **muscular** das pessoas presentes, quando a experiência é tentada sinceramente. Se nos provarem ser necessário demonstrar essa asserção, faremos isso um dia, mas preferimos passar imediatamente a fatos de ordem mais elevada. Quem pode o mais, pode o menos.

Vamos citar um só fato, assaz divertido. Uma

noite do inverno passado, estávamos em casa de M. B., professor distinto, que possui a propriedade de «fazer falar a mesa», como se diz. Propuseram dar um novo golpe em nosso cepticismo a respeito dos Espíritos, organizando uma «sessão de mesa». O Sr. e a Sra. B. põem suas mãos sobre a mesa da sala de jantar, e convidam-nos a fazer como eles. Acedemos. Logo a mesa se move, e, por meio de pancadas designando as letras do alfabeto, ela nos prodigaliza algumas facécias de gosto duvidoso, a tal ponto que a jovem senhora de M.B. fica corada. M.B. diz-nos: «Sei quem é: é um Espírito inferior, antes mau do que bom, do qual não conseguimos libertar-nos.» Mas eis que a «comunicação» muda de tom, e ditam-nos uma frase muito bela. O estilo diferia completamente das soletrações dadas até então, e dissemos, rindo-nos, que aquele Espírito não devia ser o mesmo de dantes. A mesa protestou: «E' o mesmo.» Então, respondemos: não és o autor desta frase. Resposta: «Não». Perguntámos o nome do livro onde se achava a frase em questão, e esse nome foi dado (a obra existia por acaso na biblioteca de M.B.) assim como o número do capítulo onde se achava a passagem. Não obstante, o número exato do capítulo só foi dado da terceira vez, depois que folheámos o livro aqui e ali. A frase foi encontrada e correspondia pouco mais ou menos textualmente a que foi dada pela mesa. Terminando, alguém pediu ao «Espírito» que se desse a conhecer, e ele ditou em alguns minutos a seguinte quadra:

«Eu sou no paraíso um ser sem cotação; demônio, intrometo-me na turba dos anjos, manchando-lhes os arminhos ao contacto das minhas impurezas; sou um pote quebrado junto de ânforas de ouro. — **Satã.**» (104)

---

(104) "Je suis au paradis ainsi qu'un déclassé.
Je me mêle, démon, à la foule des anges,
Je souille leurs blancheurs au contact de mes fanges;
Près des amphores d'or, je suis un pot cassé!"

— Oh! Oh! — disseram logo — Senhor Satã, suspeitamos ainda que furtastes isto de alguém!

Satã concordou, foi bom rapaz; disse-nos que era o Satã de quem fala Vítor Hugo (105) e que devia brevemente recuperar seu lugar na morada dos eleitos; depois, deu-nos as boas-noites, diabòlicamente, obrigando a mesa a fazer uma graciosa reverência a cada um de nós.

Tais são, pouco mais ou menos, a maior parte das sessões dadas por mesas; compreende-se depois disso que os mais entusiastas tenham desde os primeiros dias renunciado a esse exercício — porque ele pouco ensina de novo, — compreende-se também que os budistas e os teósofos reprovem as «evocações» dessa natureza, porque, dizem eles, só os Espíritos inferiores se prestam a manifestar-se, e seu contacto é impuro.

Quanto a nós, confirmamos a opinião da Sociedade Dialética de Londres, concluindo, de suas próprias experiências, que «se as comunicações são em grande parte de caráter banal, dão às vezes informações que são conhecidas apenas por uma das pessoas presentes».

Quando uma informação só é conhecida justamente pela pessoa céptica que experimenta, toda ideia de simulação ou de fraude deve ser posta de parte. Era o que se queria demonstrar.

A experiência da mesa é rudimentar, pouco decisiva para o vulgo, mas para o observador sério, que pode convencer-se de sua realidade, sua importância é considerável. Em todo o caso, é a mais fácil de executar, pois que três ou quatro pessoas tomadas ao acaso podem, pela simples imposição das mãos, conseguir sete vezes em dez fazê-la mover ou obter comunicações inteligentes dentro de tempo variável.

---

(105) "La fin de Satan" — Œuvres posthumes.)

§ II

Experiências com Slade

Antes de expormos as experiências que fizemos com Slade, não será fora de propósito dizer, em algumas linhas, quem é aquele que denominam presentemente, nos jornais, «o famoso médium americano».

Segundo os documentos que ele nos forneceu, Slade nasceu, em 1836, em Shatynia, Condado de Fradônia (América do Norte); tem, por conseguinte, cinquenta anos. Desde seu nascimento, a sua propriedade **neuro-psíquica** se manifesta. «Sendo ainda criança, enquanto andava na escola, escreveu-nos Slade, os «raps» faziam-se ouvir de todos os lados e até em minha carteira, o que por diversas vezes me custou severas punições, porque me acusavam de fazer barulho com os pés, coisa de que ainda hoje me acusam!» Só obteve a **escrita direta** em 1860. Desde esse tempo, percorreu a América, a Europa e a Austrália. Em Londres, em 1876, escapou de ser condenado por suas experiências, que eram qualificadas de magia, em virtude de uma velha lei não ab-rogada; chegou a ser preso preventivamente; mas, afinal de contas, foi absolvido.

Em Abril de 1878, fêz experiências com Zöllner, em Lípsia, no regresso de São Petersburgo, depois foi a Sydney (Austrália). «Em toda parte, diz ele, encontrei pessoas que me acusavam de impostura, e isso deu em resultado provocar o exame de pessoas sérias».

Deixando a Austrália, em começos de 1879, Slade teve um ataque de apoplexia. Esse ataque deixou uma hemiplegia direita, que persistiu completa por muitos meses. Em 1881, a paralisia havia desaparecido, quando um segundo ataque provocou uma nova paralisia, da qual o «sujet» ainda hoje não está restabelecido. Com efeito, pudemos observar Slade muitas vezes, e ele arrasta levemente a perna direita, manquejando. Quanto ao membro superior direito, serve-se dele assaz desajeitadamente, e não duvidamos de que, se quisesse trapacear em suas experiências, fàcilmente seria pilhado, porque é mal organizado para fazer prestidigitação.

Examinámos comparativamente a força muscular de seus braços por meio do **dinamômetro** da Casa Colin e Charrière, e esse exame nos deu os resultados seguintes:

Mão direita: 27 ks. de pressão.

Mão esquerda: 35 ks. de pressão.

Como escreveu Zöllner, «a impressão pessoal de Slade é favorável, sua compostura é modesta»; é de elevada estatura e tem antes o ar de um francês do que de o de um anglo-saxônio. Além disso, sua mãe é francesa. Não fala nem compreende outra língua senão a inglesa.

Foi principalmente, a título de médico, que fizemos conhecimento com Slade: vimo-lo uma vez atacado de prostração nervosa acompanhada de delírio; esse estado durou quase cinco dias.

Em consequência de sua organização nervosa especial, e também, sem dúvida, por causa da hemiplegia, Slade sofre de movimentos reflexos, de gestos involuntários muito frequentes, que explicam talvez a razão das acusações de que foi objeto. Devemos dizer, primeiro, que, conhecendo essas acusações, fomos sempre, mas principalmente no começo, muito circunspecto, digamos a palavra, muito desconfiado a seu respeito, mas que a despeito da nossa atenção sustentada, das nossas precauções infinitas e suspeitosas e o bom estado dos nossos sentidos de observação, não pudemos surpreender em Slade nada que se parecesse com fraude. Naquilo que nos diz respeito, só temos a louvar a boa vontade com que se submeteu a todos os exames que dele exigi, quando soube o fim das minhas investigações. Nas principais experiências que fizemos com ele, começámos por examinar a peça onde elas se realizavam (quando não era em nosso próprio aposento). Fazíamos-lhe tirar os sapatos para examiná-los, como lhe examinávamos os pés, o interior de suas mangas e o forro de seu paletó, etc. Foi a tal ponto o nosso excesso que hoje desejamos pedir-lhe desculpas por tão injuriosos exames.

Exceto algumas sessões realizadas na sala de jantar ou na de visitas de nossa casa, as experiências principais fizeram-se de dia, em plena luz, diante de uma janela aberta para uma grande avenida do bairro da Etoile, e sobre uma mesa de madeira enegrecida, simples, e que revirávamos e examinávamos em todos os sentidos, de cada vez. Essa mesa media 0m,74 de altura e 1m,08 por 1m,02 de superfície.

Na descrição que vamos fazer, dividiremos as nossas experiências em duas categorias distintas:

1º — **Fenômenos diversos;**
2º — **Escrita direta.**

Estes dois gêneros de fenômenos foram obtidos muitas vezes na mesma sessão, mas desejamos consagrar atenção especial à escrita direta, em razão das precauções particulares de que nos rodeávamos para observá-la. E depois é mister certa ordem para evitar confusão.

Para não alongar demasiado este capítulo com inúteis repetições, devemos dar algumas informações gerais sobre as condições em que foram feitas as nossas investigações; indicando acima algumas delas, resta-nos dizer que tivemos com Slade trinta e três sessões, três das quais em nossa própria casa; que dessas trinta e três sessões, mais da metade delas foram nulas, e duas não deram resultado algum. Por isso, só citaremos as principais.

As pessoas que assistiram às nossas sessões, com Slade, nos são conhecidas: a ideia de compadrio deve ser pois eliminada; fomos às vezes quatro e mesmo cinco pessoas, inclusive o médium, mas nunca fomos menos de três em todas as circunstâncias. Depois de cada sessão, passávamos a limpo a observação, com o auxílio de notas estenografadas tomadas durante a experiência.

Podemos afirmar, depois de exame, que nenhum mecanismo existia nos móveis utilizados. Temos certa competência sobre este ponto e podemos garantir o que avançamos.

§ III

Experiências da primeira categoria. — Fenômenos diversos

I Classe

Movimentos de percussão — pancadas. Sons diversos

Na maior parte das experiências que fizemos com diferentes médiuns, ouvimos, no próprio móvel em que colocávamos as mãos, leves estalidos ou pequenos batimentos secos obtidos às vezes, a nosso pedido; mas com Slade os fenômenos de percussão ouviam-se distintamente e eram, em alguns casos, muito fortes. Hoje seria infantil dizer que os músculos peroneais de Slade representavam alguma coisa nesses ruídos.

Quando as nossas mãos estavam postas sobre a mesa, ouvíamos, ao mesmo tempo que sentíamos, pancadas surdas nessa mesa. Essas pancadas eram ouvidas muitas vezes na cadeira de Slade, e sentimo-las muitas vezes em nosso próprio lugar, como se alguém estivesse dando socos no encosto. Certificámo-nos, todas as vezes, de que não havia contacto algum entre nós e o médium ou outra pessoa. Essas pancadas eram obtidas muitas vezes a nosso pedido. Assim, na sessão de 11 de Maio de 1886, às 10 horas e meia da manhã, em casa de Slade, uma pancada violenta foi dada no meio da mesa e seguida logo, a nosso pedido, de uma pancada ainda mais violenta, como se fôsse vibrada por um martelo com a intenção de quebrar o móvel. Durante este tempo as mãos e os pés do médium estavam à vista, e não percebemos nenhum movimento de sua parte.

No mesmo dia, a nosso pedido ainda, ouvimos imitar o ruído de lápis a escrever sob a mesa.

No dia 27 de Maio, em nossa sala de jantar, onde Slade entrava pela primeira vez, os fenômenos de percussão foram dos mais curiosos. Dir-se-ia que em redor do médium, sentado e isolado em plena claridade de duas fortes lâmpadas de luz intensiva, estava um grupo de galinhas «espicaçando» sobre o soalho. Pancadas foram sentidas pelas pessoas de nossa família e por nós, debaixo da sola de nossos sapatos; o efeito sentido não era dos mais agradáveis.

II Classe

Movimento de corpos com o contacto do médium

O mais curioso efeito, nesse sentido, obtido diante de nós por Slade, e por diversas vezes, foi a «levitação» completa da mesa que serve em suas experiências (sem mecanismo, bem entendido). Pela simples aposição das mãos, a mesa erguia-se, voltava-se de pernas para cima e ia tocar o teto com seus quatro pés acima de nossas cabeças; isso em menos tempo do que é preciso para dizê-lo. Sem fazer alarde de força nem de destreza, podemos dizer que, superior ao médium nesses dois pontos, foi-nos impossível imitar o mesmo fenômeno.

III Classe

Movimento de corpos mais ou menos pesados, sem contacto com o médium

Assistimos várias vezes a esse fenômeno muito notável; citemos alguns exemplos:

A 29 de Abril de 1886, em uma sessão diurna, Slade estava sentado em frente à janela, com os pés voltados para o nosso lado — quando ele dava a frente à mesa, nós estávamos à sua direita. Sùbitamente, uma cadeira, colocada a um metro e vinte centímetros (tomámos a medida exatamente com o auxílio de um metro duplo), fêz meia volta sobre si mesma e veio atirar-se de encontro à mesa, como que atraída por um ímã.

A 11 de Maio de 1886, estando Slade na posição ordinária (como acima), em pleno dia, às três horas e meia da tarde, uma arca, colocada a 75 centímetros da cadeira de Slade, se pôs em movimento, a princípio devagar, afastando-se da parede onde estava encostada, para que pudéssemos verificar não haver contacto entre o móvel e os objetos em redor. Depois ela veio bater violentamente de encontro à mesa que nós rodeáramos: Slade estava de costas para a arca, M.A. e nós, de frente. Não podemos descrever o efeito produzido por esse móvel maciço, que parecia animado por instantes de vida própria.

No mesmo dia, uma cadeira, colocada ao lado do móvel em questão, foi derrubada alguns momentos depcis, na distância de um ou dois metros do médium.

A 12 de Maio, a nosso pedido, uma cadeira saltou a 1m,50 de altura.

Logo depois de cada movimento semelhante aos precedentes, certificámo-nos, pelo exame do soalho, das paredes e dos móveis, de que nenhuma hipótese física ou mecânica podia explicar de modo satisfatório as projeções que havíamos presenciado.

Em diversas sessões, sobre uma ardósia onde repousava um lápis, a qual era segura por Slade debaixo da mesa, vimos o lápis descrever uma linha curva semi-circular, vindo após, de **sob** o meio da mesa, cair **sobre** o centro. O fato produziu-se em presença da Sra. B., que assistia à sessão de 24 de Julho de 1886.

Muitas vezes igualmente vimos uma ardósia emoldurada (modelo Fáber n. 7) deixar a mão de Slade, passar sob a mesa, atravessá-la em toda a sua largura (1m,08), para colocar-se docemente em nossa mão; e, quando a segurávamos, tínhamos a sensação de uma resistência produzida por outra mão que estivesse pegando na ardósia. Durante esse tempo, não havíamos perdido de vista as mãos do médium e observavamos-lhe os joelhos, que ele conservara fora da mesa. Uma experiência semelhante a essa foi feita em nossa presença e ao mesmo tempo diante de um dos nossos amigos, M.L., redator-chefe de um jornal político de Paris.

Uma vez, o mesmo fenômeno ocorreu diante da Sra. B. (24 de Julho) e estávamos à direita de Slade, do qual não perdemos um único movimento: a ardósia caminhou sob a mesa, fêz o trajeto de mais de metro, depois de ter tocado em nossos joelhos, e veio colocar-se na mão que a Sra. B. conservara sob a borda da mesa; mas foi sòmente à terceira vez que a ardósia chegou ao seu destino.

Em outras circunstâncias, vimos a ardósia, antes de ir colocar-se diretamente na mão da pessoa que fazia frente a Slade, mostrar-se primeiro no extremo da mesa, à qual Slade dava as costas, bater na borda da mesa muitas pancadas, como que chamando a atenção, e com a extremidade inferior, de tal sorte que dir-se-ia estar uma mão invisível segurando-a por cima. Ela tornava a passar depois, para colocar-se na mão de um dos assistentes ou do próprio Slade.

Nessas diferentes experiências, não descobrimos nenhum movimento suspeito de Slade, que procurava, ao contrário, em nossa presença, reprimir os movimentos reflexos que ele sofre ao mínimo barulho. Olhávamos sempre para baixo da mesa, logo depois da passagem da ardósia, mas nunca vimos qualquer coisa de insólito.

No gênero de fenômenos aos quais consagramos este artigo, podemos classificar o fato seguinte, que observámos com toda a espécie de precauções: depois de haver passado a mão por cima de uma agulha imantada, fechada em uma caixa de tampa de vidro do tamanho de um relógio, sem fazê-la sair da imobilidade, Slade fêz mover segunda vez a mão direita no mesmo modo: a agulha foi violentamente agitada e fêz muitas voltas sobre seu eixo, quando o médium pronunciou estas palavras em inglês: «Quereis prestar-me o favor de fazer girar esta agulha?»

Tínhamos as pernas debaixo da mesa ao nível do ponto onde se achava a bússola e os olhos fixos nas pernas de Slade. O quarto onde se fazia a experiência estava situado na sobreloja, e justamente por cima do vestíbulo: aí não vimos nenhuma instalação de máquina elétrica. Sabemos além disso que os aposentos situados acima daquele, em que se fazia a experiência, não estão alugados pelo «médium». Enfim, Slade não esperava naquele dia que lhe iríamos pedir essa prova.

A mesma experiência foi tentada duas outras vezes, mas sem êxito.

IV Classe

Objetos quebrados por simples contacto do médium

Vimos, por seis vezes diferentes, a ardósia sob a mesa onde Slade a segurava para obter escrita, partida em muitos pedaços, como se uma máquina a tivesse espatifado. Esse fenômeno era precedido de um sentimento de dor no braço correspondente à mão que segurava a ardósia; ele produziu-se sob nossa própria mesa, com uma ardósia sòlidamente emoldurada, de madeira dura. Temos neste momento sob os nossos olhos quatro dessas ardósias despedaçadas, do mesmo modo que as molduras. Tentámos muitas vezes quebrar ardósias semelhantes, torcendo-as ou batendo-as de encontro à mesa, mas não as conseguimos rachar.

V Classe

Corpos transportados, sem contacto aparente

Em duas experiências diferentes, um objeto foi colocado em cima de uma ardósia e esta sob a mesa, segura por uma só mão, a outra mão do médium repousava sobre a mesa; este objeto desapareceu à primeira vez e foi encontrado em uma jardineira que estava colocada por cima de nossas cabeças. A indicação de sua nova posição foi-nos dada pela escrita na ardósia. Mais longe diremos como se obtém esta escrita. Da segunda vez — tratava-se de um volume in-8º —, o objeto desapareceu do mesmo modo, e apesar das nossas pesquisas não foi achado nem em baixo da mesa nem com Slade. Logo que a ardósia foi posta de novo sob a mesa, ouvimos o ruído do livro, que nela caía.

Não insistimos nos detalhes dessas experiências, por nos parecerem relativamente pouco importantes e suscetíveis de deixar muitas dúvidas no espírito. Consideramos o estudo da escrita muito mais interessante.

VI Classe

Fenômenos de êxtase

Dissemos, falando dos médiuns, que alguns deles pretendem ceder momentâneamente seus órgãos a um «Espírito», que fala por sua boca, opera, por meio deles, substituindo-se ao seu próprio espírito. Referimo-nos também à observação do caixeiro de quem fala o professor Russel Wallace. Que devemos pensar de tudo isso? E' certo que nas experiências de catalepsia, de sugestão, que os médicos praticam, e também — devemos dizê-lo com tristeza — os piratas da Medicina, um **elemento estranho** parece às vezes introduzir-se em cena; mas até aqui, quando essa **incógnita** se apresentava, interrompia-se a experiência porque, segundo a frase do professor Lasegue, «não se sabe para onde se vai». Hoje, sem sabermos ainda «para onde vamos», não teremos o direito de ser mais ousados, e, permanecendo nos limites de uma sábia prudência, não poderemos registar as observações que se apresentam, para classificá-las metòdicamente em tempo propício?

Eis o que observámos com Slade:

A primeira vez que o vimos em estado de êxtase todo especial (e que nada tem de religioso, apressamo-nos em dizê-lo), o acesso começou assim: primeiro, uma leve vermelhidão coloriu-lhe a face e uma espécie de vinco fêz-lhe contrair os músculos do rosto; os olhos convulsionaram-se para cima, e, depois de alguns movimentos nistágmicos dos globos oculares, as pálpebras fecharam-se enèrgicamente, ouviu-se um rangido de dentes, e um estremecimento convulsivo de todo o corpo anunciou o começo da «possessão». Após essa curta fase desagradável de ver-se, o semblante animou-se com um sorriso e, modificadas a voz e a atitude, a nova personagem, Slade transformado, saudou-nos graciosamente e a todos os assistentes. Nesse estado de transe, como dizem os ingleses, ou de incorporações, segundo a linguagem dos espíritas, Slade é substituído (conforme dizem os que o conhecem e conforme o que ele diz), substituído **anìmicamente** pelo **Espírito** de um índio chamado Owasso; nesse caso, ele é alegre. Outras vezes,

Owasso cede o lugar a um grande chefe selvagem de sua tribo; mas este não sabe uma palavra de inglês; e então se vê Slade erguer-se, caminhar solenemente e declamar sempre em uma língua sonora que parece ser a dos índios caraíbas.

Um «Espírito», ao qual Owasso cede também de boa vontade o lugar, é o de um médico escocês que pela boca de Slade dá em tom grave conselhos terapêuticos àqueles que ele honra com sua visita. Tudo que precede, vimos e ouvimos, mas, como devem notar, não julgamos de seu valor.

Ouvimos Slade contar que lhe sucede às vezes, nessa situação, falar o francês ou outra qualquer língua igualmente ignorada por ele. Mas não verificámos este fenômeno.

Tivemos que fazer em Slade a operação de um quisto sebáceo no couro cabeludo. Como ele é muito sensível à dor, e além disso absolutamente pusilânime, tivemos que evitar a operação pelo bisturi. Recorremos aos cáusticos sob a forma de massa à base de óxido de potássio. A aplicação dessa massa foi, desde o princípio, muito dolorosa para Slade, e, após alguns minutos, o sofrimento pareceu completamente intolerável: o paciente suava muito, com os membros sacudidos de tremor. Sugerimos-lhe a ideia de apelar para «Owasso», que não se fêz rogar, isto é, fêz Slade cair logo em estado de êxtase, de transe, e, com a voz modificada de que falámos, conversou alegremente conosco e M.A.F., que assistia à operação em nosso gabinete de trabalho. A dor devia tornar-se cada vez mais intensa, porque a potassa mordia nas camadas sensíveis do derma, mas Slade parecia preocupar-se tanto com isso como se a coisa fôsse com outro. No começo da operação, o pulso tinha 85 pulsações por minuto; três minutos depois, estava em 60; a pele, que antes estava quente, tornara-se fria, quase que sùbitamente, e Slade-Owasso ria-se e conversava sempre conosco.

Beliscámos-lhe violentamente a parte dorsal da

mão e o paciente, que extremece ao menor contacto, tal é a sua hiperestesia no estado normal, não pareceu perceber a pequena tortura que lhe infligimos.

Ao fim de um quarto de hora, o cáustico foi levantado, Slade teve nova convulsão e voltou ao estado normal, depois de haver-nos apertado a mão e dito **good bye**, como no momento da partida. A dor fêz-se de novo sentir, mas muito suportável, e Slade lastimou-se de sofrer mais, onde o havíamos beliscado.

E' forçoso confessar que tudo isso é bastante estranho. Dirão que tudo é simulado? Como explicam então as modificações da temperatura e dos batimentos do coração? Isso não pode ser simulado.

Ainda uma observação sobre esse ponto. Dissemos acima que Slade tivera dois ataques de hemiplegia, dos quais não está curado atualmente. Experimentámos comparativamente sua força com o dinamômetro, sem dizer-lhe o que pretendíamos fazer depois. Verificámos que em suas mãos o dinamômetro marcava:

27 quilos à direita,
35 quilos à esquerda.

Aproveitámos um acesso de transe que sobreveio pouco após o esforço que ele fizera no instrumento e verificámos, à primeira vez, que o dinamômetro marcava:

à direita 55 quilos (em vez de 27 quilos),
à esquerda 60 quilos (em vez de 35 quilos).

E da segunda vez:

à direita 63 quilos (em vez de 27 quilos),
à esquerda 50 quilos (em vez de 35).

Nenhuma das três outras pessoas presentes pôde elevar a esse algarismo a agulha dinamoscópica.

Sem prejulgarmos coisa alguma a respeito da verdadeira natureza do estado nervoso cuja sintomatologia acabámos de traçar, não pensamos entretanto que se possa fazer intervir a ideia de simulação, na última experiência pelo menos, porque não havíamos prevenido o «sujet» sobre o que pretendíamos fazer e não o cremos bastante perspicaz nem ao corrente das observações patológicas para tê-lo adivinhado; apesar do título de doutor com que ele se adorna, sabemos que Slade tem apenas uma instrução muito elementar.

VII Classe

Materializações, aparências de mãos visíveis, à luz natural, contactos

No dia 12 de Maio de 1886, às 11 horas da manhã, tivemos uma sessão em casa de Slade; enquanto ele conservava ambas as mãos sobre a mesa ao mesmo tempo que nós, vimos distintamente, assim como M.N. que assistia à mesma sessão, uma mão, cujos dedos e parte anterior sòmente eram visíveis, avançar duas vezes contra o nosso peito. Naquele momento não experimentávamos mais emoção do que em experiências de Patologia experimental, às quais estamos há muito tempo habituado; por conseguinte não acreditámos que fôssemos vítima de alucinação. M.N. e nós não esperávamos ver aquela mão, ou antes aquela parte de mão.

Slade convidou-nos então a colocar a nossa mão sob a mesa, para obter um contacto, mas nada sentimos; ele pegou então em uma ardósia por uma de suas extremidades e convidou-nos a segurá-la pela outra. Conservávamos a ardósia sob a mesa havia alguns instantes, e molemente, por nossa parte, de sorte que ela teria caído no chão se Slade não a estivesse segurando sòlidamente; de súbito, sentimos o nosso punho agarrado por uma mão fria que durante um momento passeou seus dedos na parte anterior do nosso antebraço direito. Soltámos a ardósia, que não caiu, e agarrámos por nossa vez a mão de Slade: certificámo-nos de que ela estava com a temperatura normal e não fria como a que acabávamos de sentir; ao mesmo tempo, olhávamos para baixo da mesa, onde nada vimos que pudesse explicar a sensação que havíamos recebido.

Em diversas ocasiões presenciámos fenômenos desse gênero e não menos surpreendentes, mas como nos faltaram meios de rigorosa observação, não queremos insistir neles, nem garantimos completamente a sua realidade. O mesmo não acontece com os fenômenos de **escrita espontânea** que os espíritas denominam **escrita direta**. Observámos estes fenômenos tantas e tantas vezes e sob formas tão variadas que afirmamos não mais podermos crer naquilo que vemos todos os dias na vida ordinária, se ficarmos inibidos de confiar em nossos sentidos neste caso particular.

§ IV

Experiências da segunda categoria. Escrita espontânea

Uma palavra antes de começarmos a exposição destes fatos:

Experimentámos, rodeando-nos de precauções que indicaremos expondo os resultados de nossas investigações, e se um de nossos leitores surpreender no meio de nossas descrições alguma falha por onde o erro pudesse penetrar, ficar-lhe-emos muito grato se no-la apontar.

Até lá desafiamos qualquer prestidigitador a produzir com o auxílio de sua arte, e em condições idênticas, iguais àquelas em que nos colocámos, a escrita sobre ardósias como a obtivemos em nossas experiências.

Depois das primeiras sessões que tivemos com

o médium americano, não podíamos crer que a escrita produzida daquela forma pudesse ser outra coisa além de um artifício de prestidigitação que nos era impossível compreender, dadas as condições de observação em que nos achávamos. Para esclarecer-nos a respeito, consultámos um dos mais hábeis operadores do Teatro Robert Houdin, M.J., a quem comunicámos os pormenores das experiências que havíamos presenciado e às quais ele mesmo assistira. M.J. declarou-nos que toda a arte dos prestidigitadores do mundo reunidos nada produziria de comparável, e em um álbum depositado na mesa da sala de visitas de Slade, onde os visitantes anotam as suas impressões, M.J., depois de assistir a uma sessão com a Sra. J., escreveu o atestado seguinte, ao qual conservamos o caráter original que seu autor imprimiu, no momento de emoção que se seguiu ao espetáculo que ele acabara de presenciar:

"Afirmo, senhores sábios, eu, prestidigitador, que a sessão do Sr. Slade *é verdadeira*, verdadeiramente espiritualista e incompreensível fora de toda manifestação oculta. E de novo eu o afirmo.

Abril — 1886.

a) J. (Do Teatro Robert Houdin)."

Muitos colegas, aos quais comunicámos as investigações que fazíamos sobre os fenômenos obtidos com Slade, disseram-nos: «Prestai atenção; esses indivíduos são muito destros (os prestidigitadores, está entendido). Hoje conseguem escamotear vasilhas de vidro com água e peixes vermelhos; chegam a escamotear uma mulher em diversos teatros de Paris, e não será impossível que escamoteiem as vossas ardósias e nelas escrevam!» Em um teatro, diante de numerosa assistência, que nada pode fiscalizar, sim; mas entre nossas mãos, sob os nossos olhos, não cremos que a coisa seja tão fácil. Pedimos aos homens do ofício explicações a respeito dessas escamoteações tão espantosas; pois bem! todos os que quiserem informar-se, saberão que as mais brilhantes **sortes** são feitas com os processos «ilusionistas» mais simples, íamos dizer mais infantis. Quanto ao mais, dirijam-se a M.J., do Teatro Robert Houdin, e a todos os prestidigitadores que já atestaram a diferença existente entre seus trabalhos e os fenômenos denominados espíritas.

§ V

Vimos mais de cem vezes caracteres, desenhos, linhas e mesmo frases inteiras produzidas com o auxílio de um pequeno lápis, de pedra, sobre ardósias que Slade segurava e mesmo entre duas ardósias **com as quais ele não tinha contacto algum,** e que tínhamos comprado pessoalmente em uma papelaria qualquer de Paris, marcado com a nossa assinatura. Mas só queremos citar pequeno número desses fatos interessantes.

Como, perguntar-nos-ão, podeis admitir que uma escrita se forme espontâneamente sobre uma ardósia ou objeto qualquer? Então, concordai em seguida que Baltasar viu bem, e a embriaguez não concorreu para o **Mane — Thecel — Phares** que uma mão de fogo escreveu na sala do festim!

A essas objeções responderemos que não admitimos, certificamos; no que diz respeito a Baltasar, não podemos dizer se foi o vinho que lhe perturbou a vista no fim do banquete: não estávamos lá.

A que causa se deve atribuir a produção dessa escrita? A essa questão responderemos enviando o leitor ao capítulo precedente, onde nos ocupámos das teorias emitidas sobre o conjunto desses fenômenos. Entretanto podemos dizer, mantendo-nos na reserva que adotámos, que a produtora da escrita espontânea ou direta **parece ser** independente e que **é inteligente**.

Em todas as nossas experiências de escrita, examinámos atentamente as ardósias antes da operação; além disso, na maior parte dos casos, elas nos pertenciam. Quando a escrita se produzia em uma ardósia só, era geralmente debaixo do ângulo da mesa junto do qual nos achávamos; não perdíamos de vista nem a ardósia, nem os dedos de Slade, e, às vezes, púnhamos por nossas mãos o lápis na ardósia, mas nunca vimos este último em movimento. Víamos a ardósia ondular levemente sob a pressão do escrevente invisível, mas, desde que olhávamos para o espaço que separava a ardósia da parte inferior da mesa, o lápis caía sobre a ardósia e o ruído da escrita cessava; a ardósia aplicava-se logo de encontro à mesa, e ouvíamos então o ranger do lápis traçando a escrita.

Esta particularidade inspirava-nos certa desconfiança, e perguntámos porque isso acontecia: Slade tomou uma das nossas ardósias, colocou-lhe em cima um pedaço de lápis e meteu-a em baixo da mesa. (Será necessário dizermos que examinámos essa mesa antes, durante e depois da experiência?) A resposta era esta: «As vibrações dos vossos olhares e da luz prejudicam-nos.» A frase era em inglês.

Qualquer coisa de análogo foi observado por Crookes, que tentou obter escrita direta, sob seus olhos, com assistência de Home: «Esta manifestação, disse Crookes, se deu à luz, em meu próprio quarto, e sòmente em presença de Home e de alguns amigos íntimos... Exprimi o desejo de ser testemunha nesse momento da produção de uma mensagem escrita, assim como, algum tempo antes, ouvira contar por um dos meus amigos.»

Imediatamente foi-nos dada a comunicação alfabética seguinte: «Tentaremos.»

Algumas folhas de papel e um lápis foram postos no meio da mesa; então, o lápis elevou-se sobre sua ponta, adiantou-se para o papel com passos mal seguros e caiu. Depois, levantou-se e tornou a cair. Pela terceira vez, tentou, mas sem melhor resultado. Após as três tentativas infrutíferas, uma pequena ripa, que estava a um lado sobre a mesa, arrastou-se para o lápis e elevou-se algumas polegadas acima da mesa; o lápis ergueu-se novamente, e, encostando-se na ripa, tentaram juntos escrever no papel. Depois de haverem tentado três vezes, a ripa abandonou o lápis e voltou ao seu lugar; o lápis tornou a cair no papel, e uma mensagem alfabética nos disse: «Procuramos satisfazer o vosso pedido, mas isso está acima do nosso poder.»

Em suma, só nos faltou uma coisa: ver a escrita traçar-se sob nossos olhos. Poderemos ver se essa lacuna é suficiente para pôr em dúvida a realidade do fenômeno. Citemos alguns fatos.

Conservamos em nossas observações a sua redação primitiva e sua forma pessoal.

Experiência I

No dia 29 de Abril de 1886, às 11 horas da manhã, dirijo-me com um de meus amigos M.A., a casa de Slade; trago diversas ardósias marcadas com a minha assinatura a lápis azul. Inspeciono a peça onde se faria a experiência. Examino a mesa, as mangas de Slade, o forro de sua roupa e os sapatos, que ele descalça.

A pedido de Slade, tiro da pasta, que não larguei um momento, duas das minhas ardósias em quadros de madeira, da Casa Fáber, e coloco-as na mesa, separadamente. Slade toma um pequeno lápis de ardósia de 8 a 10 milímetros de comprimento, corta-o em dois pedaços com os dentes e coloca-o sobre uma das minhas ardósias, do lado oposto à minha assinatura. Ele cobre o lápis com a minha segunda ardósia, cuja assinatura está no interior, toma as duas ardósias assim reunidas e coloca-as verticalmente sobre meu antebraço esquerdo. Não perdi de vista nenhum dos seus movimentos, nem as minhas ardósias. No momento em que Slade inclina as ardósias para pô-las verticalmente, ouço o lápis escorregar no espaço estabelecido entre as duas superfícies pela madeira dos quadros. A sala estava bem iluminada.

Todos tínhamos as mãos sobre a mesa nua; M.A. está à minha direita e Slade à esquerda. Tenho sob os olhos as mãos de Slade bem como as suas pernas, que ele conserva fora da mesa. Vejo distintamente em cima de meu antebraço esquerdo as duas faces das ardósias unidas e a mão direita de Slade, que as segura.

Depois de vinte ou trinta segundos, sinto uma forte pressão das ardósias sobre meu antebraço.

Slade disse sentir a «corrente» passar em seu braço; isso parece fazê-lo sofrer um pouco.

Algumas pancadas surdas são batidas em minhas ardósias e a mão de Slade permanece imóvel. De repente a escrita se faz ouvir distintamente. A mão de Slade está imóvel; nenhum de seus dedos se mexe. **Ausculto** minhas ardósias: não há dúvida possível, é mesmo em seu interior que ocorre o rangido, escuto perfeitamente o traçado da escrita e a pontuação, bem como por quatro vezes um traço. A escrita pareceu ser lenta a princípio; em seguida, depois do primeiro traço, o ruído foi mais rápido e depois do segundo traço tornou à lentidão primitiva.

Após longo tempo, soam na ardósia três pancadas secas; Slade as retira, colocando-as na mesa e eu as seguro sem forçá-las; entretanto Slade parece ter dificuldade em separá-las. Ei-las em minhas mãos. A ardósia onde encontro minha assinatura não tem sinais de escrita. A outra, que repousa sobre minha mão esquerda, está coberta de letras. A minha assinatura, que vi enquanto durou a experiência, em parte oculta pelas dobras do meu casaco, encontro-a do outro lado da ardósia, coberta de escrita.

Quatro frases separadas por **três traços** estão

escritas sobre a minha ardósia, **um quarto traço** se vê antes da assinatura que termina a última frase. Duas dessas frases, a do começo e a do fim, são em inglês e assinadas W. Clark. Das duas outras, uma é em alemão e a outra em francês. Esta última é assim concebida: «**Com efeito, a vossa ideia é muito boa. Vosso obrigadíssimo criado. — L. de M.**» No começo da sessão, eu havia dito que, se obtivesse bons resultados, faria sem dúvida uma obra sobre o assunto. Teriam querido referir-se a essa ideia?

Em resumo, nessa experiência, **as minhas ardósias** foram constantemente vigiadas por três dos meus sentidos: a vista, o tato e o ouvido.

EXPERIÊNCIA II

No dia 12 de Maio de 1886, às 11 horas da manhã, em casa de Slade: tudo ocorre no começo como na experiência precedente.

Duas ardósias Fáber nº 7, que me pertenciam e estavam marcadas com a minha assinatura, são por mim postas em cima da mesa. Eu mesmo encerro um pedaço de lápis de cinco milímetros de comprimento entre as minhas duas ardósias. Slade, que ainda não segurou nelas, coloca a extremidade dos dedos da mão direita sobre a ardósia superior, conservando a mão esquerda em cima da mesa, com as nossas e as de uma terceira pessoa. Estamos colocados como na experiência n. 1, precedente. Apóio o cotovelo esquerdo sobre as ardósias e, ao cabo de um instante, **sinto e ouço** distintamente escrever-se em seu interior. Observo que há interrupção do ruído da escrita de cada vez que levanto a mão do «círculo» que ela forma com as mãos da pessoa que está à direita de Slade. Depois de alguns minutos, três ou quatro pancadinhas secas soam debaixo de meu cotovelo. «Pronto», diz Slade em inglês, levantando a mão direita de cima das ardósias. Agarro-as, abro-as, e encontro uma delas, sobre a qual reconheço os meus sinais, cobertos de escrita. O pequeno lápis por mim posto entre as ardósias e cuja parte quebrada estava limpa, traz em uma das extremidades sinais evidentes de uso.

Que escrevente usou esse lápis e escreveu as três frases (inglês, francês, alemão) que vejo ali? Pus por minhas mãos (não foi outra pessoa) o lápis entre as duas ardósias; não perdi um momento de vista as mesmas ardósias nem as mãos de Slade; sua mão esquerda estava sobre a minha mão esquerda e a sua direita estava a trinta centímetros de meus olhos, sòmente a extremidade dos dedos repousavam em cima das ardósias que eu prendia com o cotovelo.

Não se mexeu nem um músculo de seus dedos: ouvi o ruído da escrita, vinha de dentro das ardósias; abri-as eu mesmo, estou certo de que ninguém as tocou; só eu as toquei, exceto a extremidade dos dedos de Slade em contacto com a ardósia em cujas duas faces nenhuma letra havia sido traçada.

Que explicação dar a isso?

Procuremos ainda; não encontro nenhuma solução satisfatória. Leiamos sempre o que dizem as ardósias.

Experiência III

A 12 de Maio de 1886, às oito horas da noite, em casa de Slade, entre outras manifestações espiritualistas, sob uma ardósia que me pertencia, descansando **em cima** da mesa, debaixo de meu braço, e na qual Slade **não tocou**, senti escrever (com o pedaço de lápis), e, terminada a operação, encontrei na face inferior da ardósia, onde dois minutos antes nada havia ainda escrito, uma frase inglesa cujo sentido é o seguinte: «Conservai isso para vós como prova da nossa promessa, faremos depois outras coisas mais. — **W. Clark.**»

Terminada a sessão, Slade tomou uma das ardósias, colocou um lápis sobre uma das suas faces em plena luz e preparava-se para pô-la sob a face inferior da mesa, quando sua mão pareceu ser atraída para meu lado por uma força invisível, sendo a ardósia posta sobre a minha cabeça; senti e ouvi escrever; um instante depois li essas duas palavras: **Good bye** (adeus). Observei que a palavra começava do **lado oposto** à mão de Slade e que o lápis havia parado exatamente sobre a terminação da palavra **bye**.

EXPERIÊNCIA IV

Dia 24 de Maio de 1886. À tarde, sessão em casa de Slade. Uma ardósia idêntica às precedentes (pertencendo-me, nova e marcada com minha assinatura a lápis azul) é colocada por mim sobre a mesa nua, que examinei atentamente por cima e por baixo. Um pedacinho de lápis é posto sobre o lado de minha ardósia em que estão minha assinatura e a marca A. W. Fáber n. 7.

Tomo a ardósia com a mão esquerda, coloco-a sob o ângulo da mesa junto do qual me acho. Minha mão direita está sobre a mesa com as mãos de Slade e as de M.A., que assiste também à experiência. Slade está à minha esquerda e A. à minha direita. Depois de alguns minutos de espera, nenhum ruído se fêz ouvir sobre a ardósia que eu seguro, porém diversas vezes, sem contacto aparente de pessoa alguma, sinto-a violentamente empurrada para meu lado. Inclino-me e nada vejo em baixo da mesa; Slade, cujas pernas estou vendo, não faz nenhum movimento, suas mãos estão sempre sobre a mesa. Em um momento dado, sinto uma tração da ardósia, que procura escapar-se de minha mão e preciso agarrá-la com força; observo o que se passa sob a mesa: nada. Examino de novo a ardósia, que retiro: o pequeno lápis está sempre no mesmo lugar; nenhuma letra foi traçada.

Ponho de novo a ardósia sob a mesa e convido Slade a segurá-la ao mesmo tempo que eu. Cada um de nós segura a ardósia do modo seguinte: abarcamos ao mesmo tempo a ardósia e a mesa de maneira que os nossos polegares estejam sobre a mesa, os outros dedos por baixo da ardósia. Consigo inclinar-me e examinar os dedos de Slade, verificando sua imobilidade perfeita. A «mensagem» deve ser longa, porque esperamos muitos minutos até que cesse o ruído da escrita. Ouvem-se três pancadinhas secas, trato por mim mesmo de retirar a ardósia. Tendo Slade afastado a mão, experimento uma resistência muito apreciável, qualquer coisa de comparável ao que sentimos quando suspendemos uma campânula de vidro sob a qual se praticou um começo de vácuo, com auxílio de bomba pneumática. Verifico que quatro frases foram escritas na ardósia cujas marcas supracitadas estão em seus lugares. Essas quatro frases são escritas, a primeira em francês, a segunda em grego, a terceira em alemão, a última em inglês.

No decurso dessa experiência, enquanto se ouvia a escrita, fiz a observação seguinte: convidei M.A., que estava à minha direita, a levantar a mão esquerda sob a qual se achava a minha mão direita; enquanto durou a interrupção do contacto, não escutei mais nada, e o lápis parecia estar imóvel. Pedi a A. que colocasse a mão sobre a manga do meu casaco, e a ardósia permaneceu silenciosa. Disse então a A. que aplicasse a mão sobre a minha fronte e, no momento em que seus dedos me tocaram, ouvi de novo o lápis mover-se. Repetida muitas vezes, a experiência deu resultados idênticos.

Fiz, em muitos casos semelhantes, observações análogas. Serão esses fenômenos devidos a uma espécie de eletricidade nervosa que se reforçaria passando por uma espécie de bateria elétrica da qual fôssemos os elementos? Não se trata aqui nem nas outras partes deste trabalho de teoria a estabelecer. Permaneçamos no terreno dos fatos. E' o que se pode fazer de melhor no momento em que apenas estamos nos elementos de um ramo de Fisiologia psicológica. Seria imprudente proceder-se de outro modo, porque a história da Ciência aí está para mostrar-nos quão molestas e reacionárias se tornam depois, para o progresso do saber, as teorias prematuras.

EXPERIÊNCIA V

Esta experiência se deu em minha casa, na sala de jantar, onde Slade entrava pela primeira vez, no dia 27 de Maio, às 9 horas da noite. Estavam presentes cinco pessoas; sendo duas de minha família, um amigo, Slade e eu.

Esta sessão já foi mencionada acima.

Slade tomou uma das minhas ardósias munida de um pedaço de lápis e levou-a sob a face inferior da minha mesa; ouvimos o lápis trabalhar. A ardósia examinada trazia três traços quase retilíneos e paralelos. Pedi a repetição da experiência, mas com um só traço, e coloquei eu mesmo o lápis no meio da ardósia, que foi posta como antes. Ouvimos de novo o ruído do lápis e no exame vimos sobre a linha mediana um traço do comprimento de 23 centímetros, ocupando toda a extensão da ardósia. O lápis, de cinco milímetros, achava-se na extremidade do traço que confinava com o polegar de Slade. Teria sido mister que o lápis, posto por mim sobre a parte média da ardósia, fôsse transportado para a extremidade da ardósia oposta à mão de Slade e que percorresse a extensão daquela, isto é, 23 centímetros. Durante esse tempo não perdemos de vista a mão de Slade nem a parte da moldura da ardósia que ele segurava.

A sala estava perfeitamente iluminada; Slade tinha atrás de si e à direita, sobre um aparador, uma lâmpada munida de abajur e diante dele uma lâmpada de gás muito poderosa, munida igualmente de um abajur; nenhum de seus movimentos podia passar despercebido, e ele se achava em um meio pouco crédulo, onde quatro pares de olhos escrutadores o vigiavam de perto.

EXPERIÊNCIA VI

Na mesma sessão, tomei duas ardósias e, depois de havê-las limpado convenientemente, coloquei entre elas um pedaço de lápis (como das outras vezes). Entreguei-as a Slade, que as tomou com a mão direita sem abri-las e as apoiou sobre a espádua de uma das pessoas de minha família que estava colocada de tal forma que, inclinando-me um pouco, eu via as duas faces das ardósias. Tínhamos, todos os cinco, as mãos sobre a mesa, formando «círculo». Slade só tinha a mão esquerda entre as nossas, e a direita segurava as ardósias. Fizeram-se ouvir algumas pancadas percutidas nas ardósias, depois percebemos o ruído do lápis escrevendo em seu interior. Isso durou trinta segundos; depostas as ardósias imediatamente sobre a mesa, lemos, escrita em uma delas, a seguinte sentença: **The truth will outshine error.** (A verdade eclipsará o erro.)

EXPERIÊNCIA VII

Ainda na mesma sessão, produziu-se também um fato mais curioso do que os precedentes. Tomando uma das ardósias com as duas faces bem lavadas, perguntei a Slade se ele podia obter uma palavra que eu escrevesse sem ele a saber. Como respondesse afirmativamente, escrevi na ardósia, **conservando-me completamente ao abrigo das vistas de Slade,** o nome de meu filho Luís. Coloquei um pedaço de lápis sobre a face oposta e, raspando a mesa, passei a ardósia a Slade que, **sem olhá-la,** levou-a para baixo da mesa, de modo a deixá-la visível em uma pequena parte de sua extensão; por conseguinte, todos víamos a mão direita de Slade; sua mão esquerda estava como as nossas sobre a mesa. Dez segundos ainda não tinham decorrido, quando a ardósia me foi entregue com a menção: **«Louis is not here»** (Luís não está aqui); o que era verdade, escrita do lado oposto àquele onde tracei a palavra Luís.

Precedentemente, eu experimentara obter um nome no qual eu pensava, mas a resposta não foi inteiramente exata, por me ser dado o nome de uma pessoa na qual eu havia pensado uma parte do dia, quando, no momento em que formulei a pergunta, pensava em outra.

O Sr. Tremeschini (engenheiro) foi mais feliz que eu a esse respeito. Eis, com efeito, o que este honrado homem de Ciência conta em carta escrita a um jornal espiritualista:

"...Havendo o Sr. Slade me convidado a traçar, sobre uma ardósia que me apresentou, uma pergunta qualquer, escrevi estas palavras: *Qual o nome da pessoa em que estou pensando agora?* Slade, recebendo a ardósia, colocou-a sobre a borda da mesa que estava a meu lado, e retirou-a após três segundos. Verifiquei, com a pessoa que assistia comigo à sessão, que a palavra *Vechy* estava escrita com todas as letras sobre a ardósia, em seguida à minha pergunta. Esse nome era exatamente o do amigo em que eu estava pensando e que eu perdera havia dez anos."

O Sr. Tremeschini contou-me depois o fato precedente. Este senhor não é espírita, mas sim materialista, à maneira de Gaotomo.

EXPERIÊNCIA VIII

Chamamos toda a atenção do leitor para esta experiência, na qual conservamos, como nas precedentes, sua redação primitiva.

30 de Junho de 1886. — Fiz hoje às 5 horas, em casa de Slade, uma observação mais curiosa do que as outras, no sentido de que o «fenômeno» da escrita se produziu em duas ardósias que me pertenciam **e nas quais Slade não tocou**.

Eu havia trazido diversas ardósias, duas entre outras, embrulhadas em papel, amarradas juntas, seladas e parafusadas. Desejando obter a escrita nessas ardósias, perguntei a Slade se isso seria possível: «Não sei, respondeu-me, vou perguntar.» Propus então ter uma resposta em duas ardósias novas que eu trouxera em minha bolsa, o que me foi concedido.

Em uma sessão anterior, um visitante obtivera em casa de Slade, segundo me informaram, escrita em duas ardósias que ele conservara sob os pés. Pedi e obtive a permissão, depois de colocado entre ambas o pedaço de lápis costumeiro, de sentar-me sobre as ardósias. Pondo-as sobre uma cadeira, sentei-me em cima delas, conservando-as seguras com ambas as mãos até que todo o meu peso caiu nas ardósias. Coloquei então as mãos na mesa com as de Slade e **senti e ouvi** então, muito claramente, que uma escrita estava sendo traçada na ardósia com a qual eu estava em contacto.

Quando terminou, **eu mesmo retirei as duas ardósias**, e li as doze palavras seguintes, muito mal escritas, é verdade, mas enfim **escritas e legíveis** apesar de tudo: **«As ardósias são difíceis de ser influenciadas, mas faremos o que pudermos.»**

Slade não havia tocado nas ardósias. Não pude obter mais.

Experiência IX

Não daríamos esta observação, pelo fato de a ardósia empregada não nos pertencer, se ela não tivesse o sinal de certa originalidade. Entretanto, para nós, a experiência tem o mesmo valor que as precedentes; mas não é de nós que tratamos aqui. O que importa principalmente é evitar tudo que possa dar margem à crítica, porque os fatos são de tal modo imprevistos que o primeiro movimento, de quem não está prevenido, é pô-los em dúvida; já passámos por isso e ainda hoje, escrevendo estas linhas, sem as ardósias que temos sob os olhos, perguntaríamos a nós mesmos se não estivemos sonhando. Eis o fato:

A 2 de Julho de 1886, às 5 horas da tarde, antes de fazer uma experiência com as ardósias, Slade, segundo seu costume, faz um ensaio com uma ardósia que lhe pertencia. Essa propriedade, que parece ter de provocar o fenômeno da escrita espontânea, assim como outras manifestações da «força psíquica», não é permanente nele: ao contrário, está sujeita a muitas variações. Há já um momento que as nossas mãos estão sobre a mesa, sem produzir-se nenhuma manifestação do fenômeno ordinário. Slade põe sua ardósia na mesa; aproveito isso para percuti-la, examiná-la de novo; está muito limpa, parecendo nunca ter servido; em vez de ser emoldurada de madeira dura (pereira ou castanheira), seu quadro é de pinho. Sobre uma das faces do quadro está marcado A. W. Fáber n. 7 e existe uma mancha de tinta característica.

Slade pega na ardósia e deposita um pedaço de lápis sobre a face correspondente às marcas supracitadas. Depois coloca a ardósia sob o ângulo da mesa diante do qual estou sentado. A escrita faz-se esperar um pouco; Slade retira a ardósia de sob a mesa, adiantando-a para meu lado por três vezes e verifico nada estar traçado sobre sua superfície. Entretanto, logo depois de haver retirado pela terceira vez, como acabo de dizer, a ardósia que não perco de vista, Slade diz sentir uma «corrente» em seu braço. Este fato renova-se de cada vez. Em seguida ouço escrever. Vejo diante de mim a mão direita de Slade e os dois lados do quadro da ardósia que não estão completamente debaixo da mesa e onde distingo a marca e a mancha de tinta de que falei. Nada de anormal.

Digo a Slade: «Se é em inglês que nos estão

escrevendo, podeis pedir a intercalação de uma palavra alemã?» Minha pergunta foi transmitida por Slade em tom polido, mas sem afetação. Logo ouço a escrita mudar de ritmo e o ruído de uma espécie de traço se faz ouvir.

Depois de dois minutos mais ou menos, a ardósia é retirada de sob a mesa; segurei-a desde que foi anunciado o fim da «mensagem». Vejo, com admiração, uma frase escrita em espiral; é em inglês e, em vez de **uma palavra** que pedi, contém **uma expressão alemã**, em três palavras. No centro acha-se o nome do «escritor» de sempre.

Experiência X

Na quinta-feira, 2 de Setembro de 1886, às 9 horas da noite, em minha casa, realizámos uma sessão na qual se produziram dois fenômenos diferentes: 1º escrita em ardósias e 2º transporte dessas ardósias sem contacto aparente com as mãos de pessoa alguma.

Estavam presentes: os Srs. Dr. C., médico dos hospitais; Ch., redator de um grande jornal de Paris; M., engenheiro eletricista; Sra. F., Slade e eu.

Estávamos reunidos em torno de uma mesa de jogo, comum. Uma forte lâmpada munida de abajur estava colocada no meio; por trás de nós, uma lâmpada semelhante enviava seus raios luminosos em nossa direção, graças a um refletor parabólico.

As experiências se deram com o auxílio de duas ardósias emolduradas, de minha coleção, mas um pouco menores que as de n. 7 de W. Fáber. Formado o «círculo», ouvimos pancadas surdas batidas na mesa.

1º — Uma de minhas ardósias, munida de seu lápis de cinco milímetros de comprimento, foi posta por Slade sob o rebordo da mesa diante do Sr. Ch., que pôde verificar, assim como todos nós, que nenhum traço de escrita se podia perceber no lugar onde ela deveria aparecer depois. Vemos uma parte da mão de Slade. Ouvimos o lápis ranger na ardósia que, retirada quase logo, contém algumas palavras mal escritas em inglês: **«Good evening to all»** (boa noite para todos).

2º — Por diversas vezes, a escrita formou-se sobre uma ardósia; as palavras eram mal escritas e só tinham uma significação banal. Em um caso, o ruído do lápis foi ouvido claramente entre duas ardósias que havíamos examinado um instante antes e nas quais não descobrimos sinal algum. Essas ardósias estavam seguras por Slade diante do peito do Sr. Ch., e sem que em momento algum perdêssemos de vista nem as ardósias nem as mãos de Slade. Todos verificámos, depois de alguns segundos, que diversas palavras haviam sido traçadas.

3º — Em outro caso, uma das minhas ardósias estava segura pelo Sr. Ch. só, que estava à direita de Slade. Antes de pô-la sob o rebordo da mesa, o Sr. Ch. verificou e mostrou-nos que a ardósia estava limpa. As mãos de Slade estavam bem à vista sobre a mesa, juntamente com as nossas. O Sr. Ch. mal havia fixado a ardósia sob o rebordo da mesa quando ouvimos o ruído produzido pela escrita e, após alguns segundos, lemos algumas palavras de significação vaga, em inglês.

4º — As ardósias limpas são colocadas uma sobre a outra. Todos vimos as duas faces de cada uma delas; um pedacinho de lápis com a linha de fratura bem nítida foi posto entre as duas. O Sr. Ch. segurou ambas e, a convite de Slade, sentou-se em cima delas. Colocámos ao mesmo tempo que Slade as nossas mãos sobre a mesa, e ouviu-se um ruído distante de lápis, escrevendo. O Sr. Ch. retirou por suas mãos as ardósias, abriu-as com precaução; vimos muitas palavras traçadas, ainda em inglês, e que podem ser traduzidas por: **«Estais**

agora convencidos?» Examinámos o pedaço de lápis: estava gasto em um ponto. Serviu, isso é manifesto.

5º — Depois dessas experiências, fazendo alusão à corrente de ar frio que muitas vezes senti pondo a mão em baixo da mesa, peço a Slade que provoque o mesmo fenômeno. Minha mão está em baixo da mesa, Slade coloca uma ardósia sob sua face inferior, mas sem agitá-la; sinto logo uma corrente de ar ou antes uma impressão de frio muito sensível, alguma coisa de análogo ao que se experimenta entrando, no verão, em uma geleira. A mesma sensação é experimentada pelo Dr. C. e pelo engenheiro M.

6º — Peço a Slade, que está justamente na minha frente, fazer-me passar a ardósia que ele segura. Slade põe essa ardósia sob a borda da mesa, mas sem fazer desaparecer completamente sua mão; sinto uma corrente de ar frio e o digo alto; todos nós conservamos os olhos sobre as mãos de Slade e sobre suas pernas, que estão fora da mesa; enquanto supomos a ardósia ainda em sua mão, sinto-a docemente depositar-se na minha, que está meio metida sob a mesa. Slade não fêz um movimento; disse sómente ter sentido **que lhe tiravam a ardósia**. Declaro que não tenho parte nessa tração, sendo a distância entre a minha e a mão de Slade de 90 centímetros.

O mesmo fato se renova para o Dr. C. e o engenheiro M.

7º — Enquanto formávamos o «círculo» com as mãos, alguns dentre nós, principalmente o Sr. Ch. e o Dr. C., acusaram uma sensação de «corrente» passando por suas mãos como uma espécie de fluido elétrico. Nessa sessão, como em todas as outras em que fiz observações, nada experimentei absolutamente de semelhante, mas ouvi, de diversas pessoas que tomavam parte, declarações de que sentiam «qualquer coisa», um formigueiro ou estremecimento. Não posso pronunciar-me a respeito dessa sensação, da qual não tenho a mínima ideia.

Às 10 horas e meia, terminou-se a sessão depois que o invisível escritor traçou sobre a ardósia as palavras **Good bye** (adeus).

Slade pediu-nos que examinássemos o interior de sua roupa; mas, apesar de sua insistência e da minha, os meus amigos opuseram-se a isso, protestando.

§ VI

Hão-de notar que não publicámos os nomes dos nossos colegas ou dos nossos amigos que assistiram às nossas experiências. Alguns deles prometeram entretanto autorizar-nos as publicações, se isso se tornar necessário... E' principalmente em presença dessa reserva que compreendemos a dos sábios, os quais, tendo observado as mesmas coisas que nós, não obstante guardaram silêncio a seu respeito. Compreendemos igualmente o perigo a que nos expomos, projetando publicar as investigações que constituem o objeto desta obra, e, não dissimulamos, sentimos certa apreensão, que mais de uma vez deixámos refletir nestas páginas.

Lembramo-nos de que W. Crookes passou pelas mesmas provações, assim como prova a nota seguinte contida em sua obra depois de uma passagem em que, citando uma experiência análoga às nossas, ele diz: «Os investigadores presentes eram um eminente físico, altamente reputado na Sociedade Real, a que chamarei Dr. A. B.; um doutor em Direito, bem conhecido, a que chamarei C.D.; meu irmão e meu ajudante de Química.» W. Crookes acrescenta: «E' uma má prova da independência de opinião, tão gabada de certos homens de Ciência, o fato de por tanto tempo recusarem empreender investigações científicas a respeito da existência e da natureza de fenômenos afirmados por tantas testemunhas competentes e dignas de fé, quando tantas vezes foram convidados a examiná-los quando e onde quisessem. Por minha parte, prezo muito a investigação da verdade e a descoberta de novos fatos na Natureza, para deixar de ocupar-me com eles, só pelo fato de que isso contraria as ideias aceitas. Mas, como não tenho o direito de exigir que outros façam aquilo que eu faço, abstenho-me de mencionar os nomes desses amigos sem a sua permissão.»

Entretanto, os amigos de Crookes, vendo os ataques que ele sofreu, depois de haver publicado suas observações, escreveram-lhe cada qual uma carta certificando a autenticidade de seus relatos e autorizando-o a publicar os seus testemunhos. Queremos supor que em França não serão menos generosos do que na Inglaterra, e que, se nos dirigissem ataques demasiado virulentos, os nossos amigos, o Dr. C., eminente médico dos hospitais de Paris, o Sr. M., engenheiro eletricista, e todos os que a elas assistiram conosco, não hesitariam em certificar o que viram.

CAPÍTULO II

Conclusões

Vimos precedentemente que a questão do Espiritualismo experimental foi tratada de modos diferentes pelos sábios. Os que tomaram o trabalho de examinar as coisas de perto, não desanimaram, desde o começo de suas investigações, por causa de algum insucesso ou qualquer outro motivo, verificaram fatos análogos aos nossos e afirmaram sua existência.

Os sábios que, pelo contrário, só abordaram o estudo dos fenômenos em questão com ideias preconcebidas e contentaram-se com as experiências pouco satisfatórias que fizeram no começo; aqueles que, sem nada haverem observado, contentaram-se com a opinião alheia conforme as suas próprias ideias, e escreveram que os fenômenos, denominados espiritualistas, não existem, ou, o que no fundo, vem a dar no mesmo, que são o produto exclusivo da fraude, foram muito imprudentes, e devemos pedir-lhes contas por sua atitude.

Se os fatos anunciados fôssem falsos, seria mister desmascararmos sua falsidade por meio de sérias demonstrações e não nos contentarmos com vagas alegações; nesse caso, faltar às regras científicas contrariava os princípios do método experimental, é verdade; mas as consequências desse esquecimento da boa linha não são graves.

Outra coisa acontece, se, como acreditamos, a existência, a realidade desses mesmos fatos for provada. Ninguém pôde dissimular, seu alcance é imenso, e embora façamos reservas, só avançando no terreno vagarosamente, com toda a prudência de um explorador que procura caminho em solo movediço, podemos perguntar — **in petto** — o que existe por detrás desses fenômenos estranhos, cujas manifestações inquietantes vão atormentar a ciência moderna mais do que fizeram todas as descobertas de que ela já se ocupou até hoje.

Então, os que, revestidos de caráter científico, vieram dizer que esses fatos não eram verdadeiros, são culpados de lesa-progresso e fautores do obscurantismo.

Dizem que Salomão terá razão ainda por muito tempo e que, hoje como em seu tempo, ele poderia achar que não há nada novo debaixo do Sol: as maiores descobertas feitas no mundo moderno foram, a princípio, negadas, repelidas, conspurcadas; os maiores benfeitores da Humanidade foram escarnecidos, perseguidos antes de serem consagrados grandes homens (quando o foram), depois de sua morte. Era mister que a descoberta (ou antes a **redescoberta**) dos fatos expostos neste trabalho sofresse a mesma sorte de todas as outras, sem o que sentiríamos talvez dificuldade em conceder-lhe atenção, quando chegasse a sua vez.

E' certo que essas coisas, novas para nós, vão obrigar-nos a refletir, e recuam para bem longe os limites de nosso campo de estudos da Fisiologia psicológica. Estamos longe do caminho traçado por Schopenhauer e os de sua escola. Devemos lamentá-lo? Devemos porventura considerar esse filósofo sombrio como o apóstolo infalível da verdade? Certamente que não. Além disso não nos pôs ele de sobreaviso contra si mesmo? Ouçamos as suas palavras, repetidas por um dos seus mais ilustres discípulos: «A verdade, disse Schopenhauer, não é uma cortesã que salte ao pescoço de quem a despreza: ao contrário, é uma bela tão altiva que mesmo aquele que tudo lhe sacrifica não está certo de possuí-la.» (106) Ele a possuiu?

E' evidente que os fatos produzidos nos domínios da Psicologia, começando pelos da sugestão, fazem singularmente perder terreno **aos metafísicos materialistas**. Mas significará isso que os **metafísicos materialistas** ganharam vantagem?

Estabeleçamos algumas questões.

Os fenômenos chamados espiritualistas terão a pretensão de dar-nos a prova **material** da existência da alma? Sabemos que um escritor, Emílio Zola, se não nos falha a memória, disse algures que, se há Deus, a Ciência o descobrirá; mas o sábio, ajudado pelo **faquirismo** ou **Espiritualismo moderno**, que é a mesma coisa, dirá um dia com o poeta: **non omnis moriar** (não morrerei inteiro), demonstrando a existência da alma humana ao mesmo tempo que descobrirá a alma do mundo?

Mostrámos que o Espiritismo e o faquirismo eram uma e mesma coisa e que a base da religião dos brâmanes da Índia era a evocação das almas dos antepassados e o estudo de fenômenos análogos aos publicados por William Crookes e por nós. Quererá isso dizer que os padres de Brama deverão um dia tomar posse de nossas igrejas cristãs, para transformá-las em pagodes consagrados ao culto da Humanidade póstuma? Não, não; temos fé na Ciência e acreditamos firmemente que ela desembaraçará para sempre a Humanidade do parasitismo de todas as espécies de brâmanes, e que a Religião, ou antes a Moral tornada científica, será representada um dia por uma secção particular nas academias das ciências do futuro.

Quem sabe se não será pelo estudo dos fenômenos psíquicos que chegaremos a pôr em prática o famoso conhece-te a ti mesmo, que nos pregam

---

(106) **Büchner** — Discurso por ocasião da inauguração da estátua de Diderot, Paris.

em vão há milhares de anos, sem saberem ao certo o que significa?

Não importa! há fatos, não nos cansamos de dizê-lo, fatos positivos, inelutáveis; Roberto Hare e centenas de outros os forneceram; Russel Wallace, Boutlerow e Zœllner, depois W. Crookes e a Sociedade Dialética de Londres, os publicaram em profusão: nós mesmos trazemos nosso contingente de observações e experiências... Não podemos mais recuar, os fatos aí estão a coagir-nos; embora resistamos, por mais que digamos: «Não é possível»; respondem-nos: «Não, isso é verdade». Se objetamos um «mas», replicam-nos ainda com um «fato» e, conforme disse Russel Wallace, «os fatos (desde que é preciso ainda pronunciar essa palavra odiosa aos que não querem ver) «os fatos» são coisas obstinadas». Com efeito, podemos gracejar durante uma sessão de academia; eles desaparecem por algum tempo; depois, um belo dia, reaparecem maliciosos, e aqueles que não quiseram vê-los outrora, ficarão talvez encantados de **descobri-los** amanhã. **Errare humanum est.**

Digamos pois todo o nosso pensamento: não, esses fenômenos surpreendentes, inexplicáveis por comparação com o pouco que sabemos, não demonstram de maneira absoluta que a morte põe em liberdade o **«eu» consciente** que persiste. (*) Mas, abordemos resolutamente os fenômenos, estudemos, investiguemos, experimentemos e, no fim de nossas pesquisas, se encontrarmos seja o que for, ainda que «Espíritos», proclamemos o fato.

Por nossa parte resolvemos não perder ocasião de investigar a **verdade** e fazê-la conhecer-se, pense embora Schopenhauer o contrário, se tivermos a felicidade de possuí-la um dia. Tal é o dever; e o interesse da Humanidade o ordena.

(*) Quatro anos depois, em seu livro posterior, "Análise das Coisas", o Dr. Gibier afirma que esta prova está feita. (N. do T.)

O exemplo dos brâmanes ensina-nos que há mais perigo em ocultar a verdade do que em fazê-la conhecida: quiseram guardá-la para si, velando-a sob a ficção, mas embruteceram o povo; a ficção tornou-se tão espessa em torno da verdade que eles próprios já não a reconheceram, e foram alcançados, no fim de contas, pelo embrutecimento geral, que era obra sua.

Mas se é salutar fazer conhecer a verdade — com todas as precauções exigidas: a alegria faz medo — será bom que todo mundo se meta a investigá-la? Pensamos que não, em tese geral, mas é principalmente em matéria de «psiquismo experimental» que há necessidade de prudência. Primeiro, no interesse da própria verdade, não convém que qualquer se meta a estudar um assunto tão delicado; mas é principalmente por causa dos indivíduos que é mister desaconselhar as práticas do Espiritualismo experimental. Só quem é perfeitamente equilibrado e está seguro de seus bons antecedentes hereditários sob o ponto de vista cerebral, pode contar que sua razão volte depois de uma «fugida», ou não fique abalada em diálogos perturbadores com o invisível. Entretanto, muitas famílias brincam com esse fogo da loucura, e fazem-se «evocações» diàriamente diante de meninos, quando não os obrigam, insensatos, a tomar parte no «círculo mágico». Em todos os tempos, desde os brâmanes até os iniciados da cabala, todos os homens que se ocuparam dessas coisas misteriosas proibiram formalmente a sua prática a quem as provas sérias não garantiam a capacidade para resistir às emoções terríveis que podem surgir.

E' de nosso dever assinalar o perigo inerente às experiências de Psiquismo com as quais divertem-se entretanto, sem suspeitarem do grande perigo que podem ocasionar.

Mas seria desejável que formassem uma sociedade para estudo desse «novo ramo da Fisiologia psicológica», a fim de sabermos o mais cedo possível o que devemos pensar a respeito do assunto, cujo alcance pode ser muito elevado. Não receamos repetir ainda: nada interessa tanto à Humanidade como isso; por esse motivo apelamos para as boas vontades sérias, e de nossa parte ficamos à disposição dos pensadores e dos homens de iniciativa, dispostos à criação de uma sociedade cujos meios de investigação colherão, na coletividade, uma força poderosa por mais de um título.

As observações que fizemos nos diferentes meios em que nos conduziram as necessidades desse estudo, fazem-nos desejar a formação de uma sociedade como a de que falámos, porque dessas observações resulta o seguinte: se a luz não se fizer sobre os fenômenos misteriosos, mas perfeitamente naturais em nossa opinião, eles serão explorados: seremos invadidos por um charlatanismo desbragado, que, apesar do aparente cepticismo de nossa época, dará que fazer à credulidade pública. Temos mil provas do que avançamos; já se iniciou essa vergonhosa exploração, que promete lucrativos resultados para o futuro, se a gente honesta não intervier.

Mãos à obra! porque já não é permitido tratar com pilhérias e zombarias fáceis um assunto tão grave. Há fatos positivos: a Metafísica nada pode contra eles, e quando ouvimos dizer que esses fatos não são possíveis, isso nos lembra a reflexão de Pascal sobre o julgamento de Roma, que condenava a opinião de Galileu a respeito do movimento da Terra: «Isso não provará que ela permaneça em repouso... Todos os homens juntos não a impediriam de girar e não se livrariam de girar com ela.»

Quando um fato é verdadeiro, a Humanidade inteira não o privaria de ser.

Livros da Federação Espírita Brasileira

Pedro Franco Barbosa

ESPIRITISMO BÁSICO

Esta obra procura reunir o máximo de conhecimentos em um volume só e expô-los em linguagem clara e acessível, de maneira a atender interessados na Doutrina Espírita, sobretudo iniciantes, permitindo-lhes uma idéia de conjunto da Terceira Revelação.

Ótima para adoção em cursos sistemáticos de Espiritismo, é, também, obra de consulta para todos os estudiosos, que nele encontram, bem explanados, assuntos tais como as origens, a natureza e as características da Doutrina, seus princípios básicos, a Codificação em seus três aspectos, a constituição e o destino do homem e uma apresentação geral da literatura espírita.

A FEB coloca nas mãos dos leitores uma obra de reconhecido valor e cuja utilidade é manifesta a todos os que se interessam pelo estudo da Doutrina.

A primeira parte da obra trata, de maneira simples e didática, de assuntos vários, como "As Religiões e o Progresso Espiritual do Homem", "Primórdios do Espiritismo", "Allan Kardec, o Codificador do Espiritismo", "Léon Denis, o Consolidador", "Síntese Histórica do Espiritismo no Brasil".

Dr. Antônio J. Freire

CIÊNCIA E ESPIRITISMO

O Autor, conceituado médico de vasta e polimórfica cultura, foi ilustre e venerando confrade português, conhecido nos meios espiritistas de todo o mundo pelas suas obras e trabalhos jornalísticos a prol da difusão dos princípios de nossa Doutrina.

Seus temas, ricos de raciocínios filosóficos bem articulados, se desenvolvem lado a lado da Ciência contemporânea, experimental, e da Sabedoria antiga, intuitiva, demolindo a cada passo o sentido materialista da vida e criando um entendimento mais amplo e mais profundo, mais positivo e mais claro, acerca do Homem e seu Destino.

*

Alfred Erny

O PSIQUISMO EXPERIMENTAL

Para a sua feitura, Alfred Erny – grande amigo dos literatos Vitoriano Sardou e Eugênio Nus, os quais o incentivaram nesse ingente trabalho – compulsou mais de trezentos artigos e volumes publicados na Inglaterra, na América e na Alemanha.

Grande número de fatos, estudados e comprovados por sábios e experimentadores acima de qualquer suspeita, foram cuidadosamente selecionados pelo Autor, que procurou ser imparcial entre a credulidade excessiva e a incredulidade exagerada.